中央高校基本科研业务费专项资金资助项目
Fundamental Research Funds for the Central Universities

政府购买公共服务嵌入式财政监督机制

——基于风险管理导向的研究

杨燕英 著

本书的研究成果拥有较高的理论价值和良好的应用价值，实现了前瞻性与创新性、规范性与实用性的有机融合。在一定程度上丰富和拓展了我国政府购买公共服务理论和现代财政监督理论，对促进我国政府购买公共服务制度的健康发展具有积极的意义。

中国财经出版传媒集团

图书在版编目（CIP）数据

政府购买公共服务嵌入式财政监督机制：基于风险管理导向的研究/杨燕英著．—北京：经济科学出版社，2019.3
ISBN 978－7－5218－0417－1

Ⅰ．①政…　Ⅱ．①杨…　Ⅲ．①公共服务－政府采购制度－财政监督－研究－中国　Ⅳ．①D630.1②F812.2

中国版本图书馆CIP数据核字（2019）第055979号

责任编辑：王　娟　张立莉
责任校对：隗立娜
责任印制：邱　天

政府购买公共服务嵌入式财政监督机制
——基于风险管理导向的研究
杨燕英　著
经济科学出版社出版、发行　新华书店经销
社址：北京市海淀区阜成路甲28号　邮编：100142
总编部电话：010－88191217　发行部电话：010－88191522
网址：www.esp.com.cn
电子邮件：esp@esp.com.cn
天猫网店：经济科学出版社旗舰店
网址：http://jjkxcbs.tmall.com
北京季蜂印刷有限公司印装
710×1000　16开　11.5印张　200000字
2019年5月第1版　2019年5月第1次印刷
ISBN 978－7－5218－0417－1　定价：58.00元
（图书出现印装问题，本社负责调换。电话：010－88191510）

前　言

诞生于西方国家的政府购买公共服务作为一项政府治理的重要措施，于20世纪90年代中期引入我国，并在一些地方开始尝试，现已成为加快政府职能转变、推动社会管理创新、促进现代服务业加快发展、增加公共服务供给、提高公共服务水平和效率的重要手段，在各级政府向公众提供各类公共服务时被广泛运用，政府购买公共服务的规模不断扩大。特别是在2013年9月国务院出台《关于政府向社会力量购买服务的指导意见》以及党的十八届三中全会《中共中央关于全面深化改革若干重大问题的决定》之后，我国明确了政府向社会力量购买服务的总体方向，并进一步提出“推广政府购买服务，凡属事务性管理服务，原则上都要引入竞争机制，通过合同、委托等方式向社会购买”，至此，政府购买公共服务作为一项制度创新开始在全国普遍推广。在这种大背景下，各级政府、各部门必须加快实现政府职能转变和创新社会管理的脚步，大力推进政府购买公共服务制度也就成为必然。目前，各级政府购买公共服务的范围涉及社区便民服务、社会治理服务、社会建设决策咨询服务、教育、科技、公共卫生、医疗、保险、文化、农业等各领域，在促进民生服务、经济社会发展以及参与治理“大城市病”、推动区域间协同发展、实现国家战略等方面，发挥着越来越重要的作用。2016年3月，财政部出台了《关于做好政府购买服务指导性目录编制管理工作的通知》，要求中央115个部门均制定本部门政府购买服务指导性目录，同时要求各级政府都要参照编制本级政府部门的政府购买服务指导性目录。由此，我国的政府购买公共服务进入清单管理新阶段。

近年来，为配合国家战略继续积极推动政府向社会力量购买公共服务，各级政府不断增加财政资金的支持力度，扩大政府购买的规模和范围，使其逐步深入到社会管理的各个领域。但是，由于政府购买公共服务制度在我国起步晚，整体来看尚不成熟，因而随着制度的快速推进，政府

购买公共服务存在的风险也逐渐显现出来，如果不加以防范，势必会影响该制度的健康有序发展，进而导致公共利益的损失。与快速发展的政府购买公共服务势头相比，作为资金供应者的各级财政部门，其监督力量却显得比较薄弱。与大多采用集中采购方式因而较便于财政进行监督的政府货物、工程采购不同，政府购买公共服务采用的是各部门分散化购买模式，即由各职能部门自行购买，由此给购买资金的供应者——财政部门的监督带来了较大挑战。政府购买公共服务作为一种兼具行政性和市场性特征的政府购买行为，其本身存在多重潜在风险，必须加强对其的监督管理。但是，财政部门在政府购买公共服务过程中到底应承担怎样的监督责任、监督内容是什么、采用何种监督模式以及如何运用监督手段等一系列问题仍在探索之中，在制度层面上尚未有明确、统一的规定。由此造成财政部门的监督依据不足和缺乏有效监督办法的局面，对防范政府购买公共服务的风险十分不利，亟须加紧研究构建政府购买公共服务风险管理导向的财政监督机制。为此，本书将从风险防范的视角，着力研究和构建政府购买公共服务的“模块化嵌入式”财政监督创新机制。

从现有的国内外研究现状能够看出，虽然国内外学者在政府购买公共服务的内涵表述上存在一定的差异，但都认为其实质是政府为提高公共服务供给效率对自身进行的一种改革行为。一方面，引入的市场竞争机制可以破除政府在服务供给方面的垄断地位；另一方面，也可使政府将其主要精力集中在履行监管职责和其他方面。

关于政府购买公共服务的本质属性，目前国内外大多数学者取得了一致的共识，即无论政府购买公共服务的形式和内容如何变化，其实质都是政府通过财政资金或者其他公益性资金向服务供应商购买公共服务的过程。几年来，现代政府购买公共服务领域中存在的风险，已经开始引起国内外学者的关注。学者们努力进行风险的识别和法律、制度分析，提出加强监管的重要性，但对财政应当如何基于风险管理构建科学有效的监督机制却缺乏相应的论述。特别是针对起步晚、但发展势头强劲的中国政府购买公共服务，财政部门应当采用何种监督模式则较少研究。因此，面对当前我国政府购买公共服务行为先于规范化的制度准备之前就遍地开花的现状，本书从理论和实践两个层面，以风险管理为导向，提出并设计政府购买公共服务的“模块化嵌入式”财政监督创新机制，将为丰富相关理论研究和健全我国政府购买公共服务制度建设做出贡献。

通过对新公共管理、新公共服务、委托代理、公共选择、风险管理和

嵌入性理论的研究，我们可以看出，在政府购买公共服务的风险防范方面，充分发挥财政监督的作用有着充分的理论基础，为我们研究构建以风险管理为导向的政府购买公共服务“模块化嵌入式”财政监督创新机制提供了坚实的理论依据。

通过对政府购买公共服务基本情况以及制度框架的分析，本书认为，当前在我国政府购买公共服务制度运行中还存在着公众认知度较低、透明度不高、政府机构之间权责划分不够明确、政府购买公共服务绩效评价难以真正落实、尚未搭建起统一的政府购买公共服务平台、缺乏科学的定价机制、缺乏有效的监督机制、预算资金管理效率不高、“重分配、轻管理”现象普遍、政府购买公共服务项目有待进一步细化以及社会力量承接公共服务能力较弱等问题，需要通过加强政府购买公共服务财政监督机制的建设加以解决。

本书研究认为，财政监督在政府购买公共服务领域负有法律、社会、管理和经济等方面的责任，因此，必须加强财政监督，以防范风险。从财政监督的现状来看，为保证政府购买公共服务制度的顺利开展，目前我国各级政府及各相关部门已根据国家政策和制度要求，纷纷搭建了政府购买公共服务制度框架，为各级财政监督工作奠定了相应的制度基础。虽然各级政府在政府购买公共服务方面已经进行了初步的制度化建设，也取得了相应的成效，但在财政监督方面还存在一定的不足和问题，需要在今后加以改进和完善。具体表现在以下几个方面：(1) 政府购买公共服务的制度建设有待进一步完善；(2) 尚未建立全面统一、严格规范的公共服务购买流程；(3) 政府购买公共服务的财政监督链条尚未形成；(4) 缺乏对政府购买公共服务存在风险的重视；(5) 政府购买公共服务财政资金使用效率和服务质量有待提高；等等。鉴于我国政府购买公共服务财政监督应承担的责任和现存的问题，为防范风险而构建基于风险管理导向的“模块化嵌入式”财政监督创新机制，以加强财政监管力度就具有十分重要的意义。

为研究构建政府购买公共服务“模块化嵌入式”财政监督创新机制，本书搭建了政府购买公共服务风险管理分析框架。该框架由风险识别、风险归因、风险评估和风险影响四部分内容组成。第一，关于风险识别，本书分析了风险识别的基本流程，对政府购买公共服务风险进行了归类，即将各种风险分为主观风险和客观风险、显性风险和隐性风险、内部风险和外部风险、制度风险和运行风险以及决策风险和实施风险等几大类，并对各类政府购买公共服务风险存在的制度阶段和工作环节作出了基本判断。第二，关于风险归因，本书分析了政府购买公共服务风险形成的各类主观、客观原因，认为主观原因主要在于认识不清、利益驱动和追求稳妥等方面；而客观原因主要在于制度不够成熟、各地做法不统一、管理体制不健全以及存在诸多客观影响因素等。第三，关于风险评估，本书针对我国政府购买公共服务风险存在于政策制定阶段和制度运行阶段的现实，设计了分别针对政策制定阶段和制度运行阶段的风险评估指标体系。其中，在政策制定环节，本书设计了风险评估矩阵；在制度运行阶段，本书根据制度运行所涉及的项目立项、预算管理、购买过程、合同管理等环节，构建了具有共性特征的评估指标体系框架。第四，在判断政府购买公共服务风险影响时，本书认为，政府购买公共服务的各类风险如果真正发生，将对政府购买公共服务制度本身、对实现政府治理体系和治理能力现代化、对购买主体和承接主体、对社会公众以及对财政监督管理产生非常不良的影响，因此，必须加强财政监督，构建以风险管理为导向的创新型财政监督机制。

在借鉴国内外政府购买公共服务风险防控经验的基础上，本书利用PEST宏观环境分析模型，分析了构建以风险管理为导向的政府购买公共服务财政监督创新机制必须具备的政治环境、经济环境、社会环境和技术环境，认为现有宏观环境完全能够为构建我国政府购买公共服务“模块化嵌入式”财政监督创新机制提供良好的环境基础和支撑条件。

在构建以风险管理为导向的政府购买公共服务“模块化嵌入式”财政监督创新机制中，本书提出了在创新机制建设中应当坚持的指导思想和基本原则。其中，指导思想是：为促进我国政府购买公共服务制度的健康有序发展，保证财政资金在购买公共服务领域的高效使用，实现向社会公众提供优质公共服务的目的，通过建立以风险管理为导向的政府购买公共服务“模块化嵌入式”财政监督创新机制，将专业化的财政监督手段和工具嵌入政府购买公共服务的基本流程之中，以有效防范各类风险的发生，保证我国政府购买公共服务制度的顺畅运行。构建财政监督创新机制的基本原则是：坚持公共价值原则；坚持防范风险原则；坚持流程嵌入原则；坚持监督效率原则；坚持物有所值原则；坚持协调配合原则。

为将财政监督手段和工具嵌入政府购买公共服务的整个流程中，本书对我国政府购买公共服务的流程进行了模块化分解，将其分为五大模块，即政府购买公共服务的需求形成模块、预算编制模块、购买过程模块、合同履约模块和绩效评价模块，并对各流程模块作了风险识别与风险评估，分析了其将产生的影响，明确无论哪种风险发生，都会给政府购买公共服务制度的运行和发展带来负面效应，必须加强对其的监督和管理，其中，财政监督是最为关键的一种手段和工具。基于此，本书将各种财政监督手段和工具分别嵌入政府购买的各个流程模块之中，并提出了各种监督手段和工具在各流程模块中应当如何运用。由于政府购买公共服务的风险管理是一项系统性工程，并不是仅靠财政部门就可以完全解决，因而，在研究以风险管理为导向的财政监督创新机制时，必须强调相关的配套政策问题。故此，本书在构建“模块化嵌入式”的财政监督创新机制之后，还研究了相关的配套政策，提出了完善权责明确的政府购买公共服务财政监督管理体制、健全政府购买公共服务的法律法规体系、建立公平开放的政府购买公共服务市场规则、大力培育和发展社会组织等对策建议。

由于水平有限，本书存在疏漏和不足在所难免，敬请读者批评指正。

目　录

第一章

导　论

第一节　研究背景及意义

一、研究背景

政府购买公共服务制度在我国的兴起，使得政府向社会公众提供公共服务的供给方式发生了重大改变。公共服务从传统的政府直接生产和供给方式，变成了政府向社会力量购买公共服务并由企业和社会组织向社会公众提供的方式，实现了在公共服务供给领域的政府与社会力量的合作。此时，政府从原来的公共服务生产者和提供者转变成购买者。随着身份的变化，政府在购买公共服务过程中关注的重点就成了“买什么”“谁来买”“向谁买”“怎么买”“买得值”。这五大问题都是政府作为公共服务购买者必然关心的问题，但政府作为公共服务购买者，与一般的商品和服务购买者不同，政府不仅是公共服务的购买者，而且是政府购买公共服务的监管者。这是因为政府购买公共服务所花费的资金来自财政资金，也就是纳税人缴纳的税收等公共资金，所购公共服务的服务对象是社会公众，因而政府自身承担着重大的社会公共责任，再加上政府购买公共服务的行为本身是将市场机制引入到政府公共服务提供领域，必须在购买过程中彰显市场经济中公平竞争的基本原则，以保证公共服务供给的高效率和高质量，故而政府还必须以监管者的身份，对公共服务购买中的财政资金的使用效率和效益、购买过程的公平规范、购买结果的物有所值、政府公共服务政策目标的实现、政府购买公共服务中是否存在腐败行为等进行监督和管理。

随着现代政府治理理念在我国公共管理领域的深入人心，政府购买公共服务作为政府向社会公众提供公共服务的一项重要改革和制度建设，在涉及政府公共服务供给的众多领域快速推开。在制度推行过程中，一方面，我国政府购买公共服务的范围不断扩大，购买资金的规模快速增加，购买公共服务的内容也日渐丰富，在很大程度上降低了政府直接提供公共服务的行政成本，有利于提高政府公共服务供给质量和效率，而且也为多元化的市场主体主动参与公共服务供给过程提供了更加宽阔的平台和更多的机会。另一方面，也由于我国政府购买公共服务制度的起步时间较晚，制度建设还不够完善，就整体而言经验不足，各地区在制度运行过程中逐渐暴露出一些问题。如果不对存在的问题加以重视，政府购买公共服务制度的运行就必然存在风险。为保证政府购买公共服务制度健康有序的发展，在制度运行已经初具规模的基础上，构建以风险防范为导向的政府购买公共服务监督机制就显得尤为必要。而各级财政部门作为政府购买公共服务的出资人和《中华人民共和国政府采购法》明确规定的政府购买服务的主管机关，通过加强财政监督防范制度运行风险，就成为其必须肩负的公共责任。

政府购买公共服务活动作为一种兼具行政性和市场性双重特征的行为，本身必然存在多重风险，需要作为购买资金供应者和监管者的财政部门加强管理和监督。但是，与政府采购货物和工程大多采用集中采购方式不同，政府购买公共服务更多采用的是各购买主体分散化购买方式，这导致财政部门在监督上的便利程度降低，监管难度加大。正因如此，本书认为应当从政府购买公共服务风险管理的角度出发，努力识别各类风险，认真分析各类风险形成的原因，评估风险的等级，研判各类风险可能产生的影响，并在此基础上研究将各种财政监督手段嵌入政府购买公共服务活动的基本流程之中，从而形成长效的财政监督链条，以保证政府购买公共服务中公共权力的正确使用以及所购公共服务的物有所值。基于此，本书力图通过对政府购买公共服务的财政监督进行理论研究和现实分析，提出构建以风险管理为导向的政府购买公共服务“模块化嵌入式”财政监督创新机制，以期借此为促进我国政府购买公共服务财政监督制度的完善，提供有益的参考。

二、本书的理论意义和现实意义

本书是在近年来我国大力推进政府购买公共服务制度的背景下展开的，特别是在党的十九大提出防范化解重大风险的前提下开展研究的，具

有重要的理论价值和现实意义。

（一）理论意义

本书所论述的是政府购买公共服务制度完善中至关重要的财政监督问题。加强财政监督，防范和化解风险，是一项新兴制度在大力推进过程中必须高度重视的重要问题，也是服务型政府建设中政府职能转变必须关注的问题。由于在制度推进的初期，各级政府和各级财政部门更为关注的是政府购买公共服务活动的实践探索和基本制度构建，对未来在制度运行过程中可能发生的风险缺乏充分的预见性，因而对风险的提前认知、风险的可能危害以及应当如何防范和化解风险没有充分的认识和研究，对政府购买公共服务活动的监督管理比较松散，在不同程度中形成了风险隐患，会影响制度的健康有序发展。因此，加强对政府购买公共服务的财政监督就显得尤为重要。本书以风险管理为导向，深入研究将财政监督工具和手段嵌入政府购买公共服务的基本流程之中，期望以此构建我国政府购买公共服务的财政监督新机制，具有重要的理论意义。

第一，本书的理论成果能够进一步充实财政监督理论。建设服务型政府，实现政府治理体系和治理能力现代化，提高公共服务供给水平和效率，是新时代社会发展的新要求。传统的政府直接供给公共服务的方式，已经不适应新时代发展的要求。一方面，由于政府能力有限，无法凭借自身的力量向社会公众提供充分、全面和满意的各类公共服务；另一方面，随着公民意识的觉醒，各类社会组织雨后春笋般地成长起来，完全有条件和能力承接政府在各个领域的公共服务供给事项，以分担政府责任，向社会提供更加丰富和优质的公共服务。因此，提高政府公共服务的供给水平和效率，必须转变公共服务由政府直接提供的传统方式，通过政府与社会力量合作，以政府向社会力量购买公共服务的方式，向社会公众提供公共服务。而政府由原来的公共服务直接供给者，变为公共服务的购买者。但是，由于政府的购买行为是一种兼具行政性和市场性两种特性的购买行为，其购买行为本身既是市场化找寻和委托公共服务提供者的过程，也是政府公共权力行使的过程，其本身就存在市场风险和行政风险，如果不通过制度加以防范，其权力的行使就可能出现偏差，设租寻租的现象就可能普遍发生。因此，本书聚焦政府购买公共服务的风险管理问题，并在此导向下，研究构建我国“模块化嵌入式”财政监督创新机制，能够进一步充实财政监督理论，拓宽财政监督的范围，在一定程度上完善我国的财政监督理论，因而具有重要的理论意义。

第二，本书的理论成果为财政监督理论研究提供了新的思路。本书在研究政府购买公共服务财政监督机制构建问题时，选择“以风险管理为导向”的研究视角，通过搭建政府购买公共服务风险分析框架，设计并构建了政府购买公共服务的“模块化嵌入式”财政监督创新机制，为我国现代财政监督工具的研究，提供了新的思路。

（二）现实意义

2013 年 9 月国务院出台《关于政府向社会力量购买服务的指导意见》，明确了政府向社会力量购买服务的总体方向。十八届三中全会《中共中央关于全面深化改革若干重大问题的决定》则进一步提出“推广政府购买服务，凡属事务性管理服务，原则上都要引入竞争机制，通过合同、委托等方式向社会购买”。因此，加快实现政府职能转变、创新社会管理、大力推进政府购买公共服务已成为必然。目前我国各地区、各部门都在积极推动政府购买公共服务，并不断扩大购买范围。但从财政监督的角度看，虽然各地均已出台了《关于政府向社会力量购买服务的实施意见》，有些地方和部门还出台了《政府向社会力量购买服务指导性目录》《承接政府购买社会组织资质管理办法》《企业承接政府购买服务条件标准的指导意见》《政府向社会力量购买服务预算管理暂行办法》等规制性文件，但各类文件中只是对财政部门应当加强政府购买公共服务的监督作出了比较原则性的规定，不够细化，对政府购买公共服务的约束力有限，不利于有效防控政府购买过程中的各种风险。

本书通过深入的理论研究和现实分析，探讨构建政府购买公共服务风险管理导向的“模块化嵌入式”财政监督机制，不仅能够促使我国政府购买公共服务财政监督的目标更加明确，也能够进一步增强其监督效能。因此，本书的成果将在一定程度上为提高我国财政部门在政府购买公共服务领域的监督能力起到有价值的参考作用，同时也将为构建我国政府购买公共服务的财政监督机制提供创新思路。因此，本书的研究成果具有较强的现实意义。

第二节　文献综述

20 世纪 80 年代开始，西方发达国家先后掀起了政府改革浪潮，以公共服务购买取代传统的公共服务垄断供给方式成为各国政府治理的普遍选择。但由于政府购买公共服务兼具行政和市场两种行为特征，在制度的运行过程中极易发生来自政府和承包商的双重风险，因此，加强监督以规制该制度的良性运转就成为各界关注的问题。

一、国外研究现状

研究政府购买公共服务的财政监督问题，涉及经济学、管理学、政治学、社会学等诸多学科领域，包括公共产品供给理论、第三方治理理论、公共选择理论、委托代理理论、风险防控理论等，都将为本书提供理论支持。

（一）关于政府购买公共服务

文森特·奥斯特罗姆（Vincent Ostrom）等学者对公共服务的提供与生产两个概念进行了区分，指出政府并不是公共服务的唯一合法主体，公共服务既可以由政府来提供也可以由私人部门来提供。莱斯特·萨拉蒙的“第三方治理”理论认为，在公共服务体系中，政府扮演着资金提供者和监管者的角色，而具体服务应由第三方机构提供，特别是非营利部门。民营化是“第三方治理”的重要途径，即引入市场机制增强政府提供公共服务的质量。民营化的具体措施包括委托授权、政府撤资、政府淡出，其中“合同外包”或者“政府购买”是最常见的方式。

以萨瓦斯（E. S. Savas）为代表的诸多学者将政府购买公共服务等同于合同外包，即作为发包方的政府和社会组织或企业之间签订行政承包合同的形式来确保双方在提供公共服务方面的权利及义务。王浦劬、莱斯特·M. 撒拉蒙（Lester M. Salamon）等学者认为，政府本来是有责任直接提供纳税人所需要的公共服务项目，后来为提高效率、节约成本，因而通过公开招标委托有资质的社会组织或企业，依靠财政拨款根据择定者或者中标者所提供的公共服务的数量和质量来支付服务费用。

（二）关于政府购买公共服务风险

以布坎南（James M. Buchanan）为首的公共选择理论认为，公共选择主体的直接行为动机仍然是个人效用最大化，如更高的职位、更大的权力以及由此而派生的更多的物质利益，当人们赋予政府太多职能和太多权力，而这些权力缺少有效的监督时，政府中的一些工作人员就极有可能利用手中的权力去谋取自身的利益，而不是社会利益。霍吉（Hodge）认为，在政府购买公共服务的过程中，有些服务项目只是单纯地出于政治目的，不仅没有起到节约财政资金的目的，政府的规模反而不断扩张，造成了浪费，也为各种购买风险提供了滋生的土壤。约翰斯通（Johnston）和荣姆泽克（Romzek）分析了政府管理外包合同的复杂度，认为在五种情况下政府对服务合同的管理尤为困难：一是私人获益的比例降低；二是对产出的衡量困难；三是对产出进行衡量的时间长；四是产出是无形的；五是供应方（竞争）减少，以这五个指标来衡量，公共服务中的社会服务面临着合同管理的极大复杂性。德霍格（Dehoog）论述了不同购买模式面临的各种风险，不但证实了政府购买公共服务的竞争缺乏，而且表明任何一种购买模式都面临着风险。即使在竞争模式中，也容易出现投机取巧和非法行为，甚至可能出现购买成本高于政府生产的情况；谈判模式适用于供应商较少的领域，能包容不确定性和复杂性，但可能出现政府主导谈判、内幕交易、关注过程而非结果、不透明等问题；合作则是一种基于相互信任，以竞争或谈判模式形成的购买关系为基础的政府购买模式，它能够发挥供应方的优势，能够实现政府与社会合作谋求长远利益的目的，但却隐含着双方由合同关系转化为依赖关系，甚至政府将受制于供应商的风险。德霍格认为，政府购买服务对合作的要求较高，这种合作必须建立在平等关系基础上，且双方必须相互信任，可以达成灵活可变的合同，而现实中由于存在管理风险，所以这一条件很难得到满足。霍奇认为，政府购买公共服务很有可能无法实现减少行政支出、提高供给效率、增加社会福利的预期目标，相反，可能会使政府行政成本增加，更严重的会导致政府失信于民、丧失公信力，损害公共信任环境。因此这一模式存在着难以想象的风险。约翰斯顿（Johnston）则对购买合同存在的风险进行了探讨，认为由于产出难以衡量且周期长会给政府带来合同监管的难度。

（三）关于风险防范

凯特尔认为，防范政府购买的风险关键在于政府能否成功地管理购买过程中的不确定性。政府只有提高自身的管理能力，尤其是对合同的管理能力，才能真正做到风险防范。戴维·范斯莱克认为，对任何国家来说，政府向社会力量购买公共服务都不是一个轻松的过程，它需要建立法律、监管和竞争性招标等框架，这个制度框架还必须在执行过程中不断完善。萨拉蒙总结了多国经验，提出了风险防范的借鉴意义，如英国强制实行非

垄断化；美国采用合同出租与公司合作方式；澳大利亚则将公共服务机构民营化，从而解决了政府低效率、高成本等问题。

二、国内研究现状

（一）关于政府购买公共服务

国内研究政府购买公共服务的学者郑卫东（2011）将政府购买服务的不同主体元素来界定其内涵：作为购买主体的政府委托社会组织或企业等其他服务提供机构来提供满足民众需求的公共服务过程是政府通过财政支付资金的一种契约式的购买行为；履行这种责任是政府职能本身要求其承担的责任，同时，政府及其所属部门也应该肩负起资金筹集、对服务供应商的服务质量进行绩效监督和业务考评的责任。

（二）关于政府购买公共服务风险

王名（2008）具体分析了我国政府购买公共服务模式下存在的各种各样的风险，认为由于我国政府购买公共服务发展时间不长，在实践中形成了非独立供给的独特模式，在这种模式下，作为服务供应商的社会组织或企业对政府的依赖很大，政府在购买活动完成后进行形式性的评估，使得规定的法律责任有时无法落到实处，政府有时甚至将一些不属于自身职责应该提供的服务，也出于政治需要来向社会力量购买。而且这种政府权力扩张风险甚至可以进一步延伸，由于政府和社会组织之间不牢固的合作关系导致购买经费和购买内容时常变动，双方相互之间的不信任最终导致购买协议沦为一纸空文，面对利益诱惑时，一些服务供给组织就会铤而走险。周俊（2010）在对比我国和国外政府购买公共服务的基础上，对我国购买公共服务模式下的实践效率提出了质疑，他通过大量案例论证了在供给过程中不仅存在机会主义和服务供应商提供劣质服务的风险，同时缺乏竞争也是政府购买公共服务的一大弊病。杨桦、刘权（2011）认为，政府购买公共服务改变了传统政府公共服务的生产模式，即政府不再是公共服务的直接生产者和提供者，而是公共服务的购买者、委托人和监管人。政府购买公共服务的本质是把竞争和其他私人部门的制度安排引入公共服务部门中，从而形成公私混合或公私伙伴关系（PPP）。但是政府购买公共服务也存在产生公共服务非均等化加剧、政府权力寻租、监管失效、形成

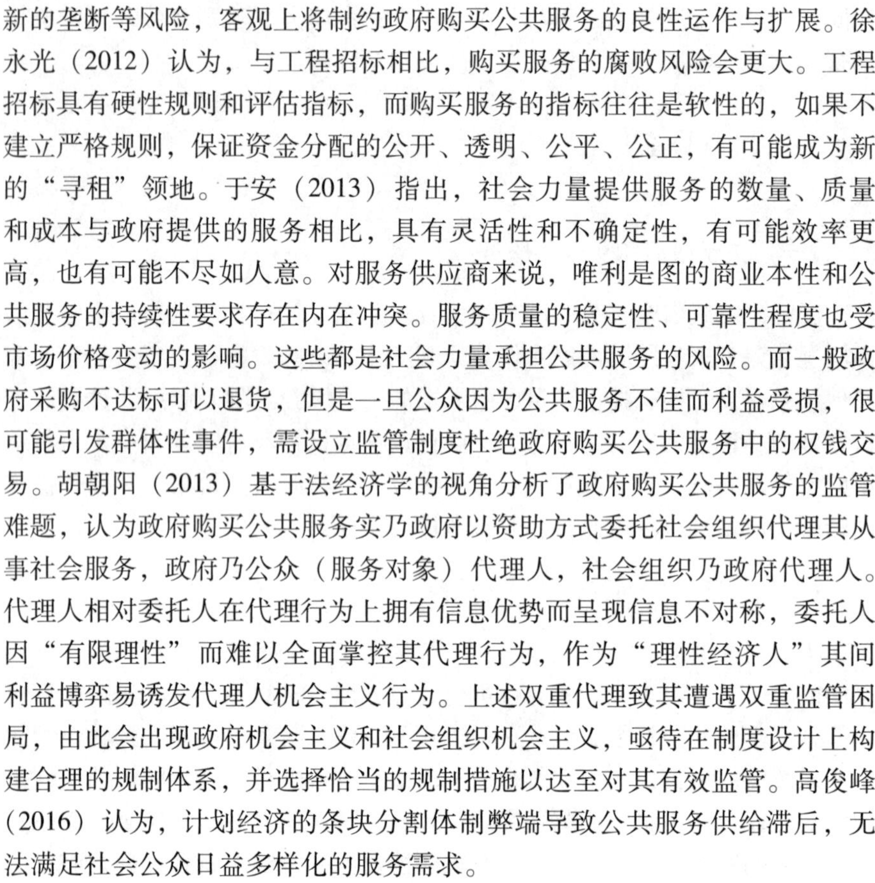

新的垄断等风险，客观上将制约政府购买公共服务的良性运作与扩展。徐永光（2012）认为，与工程招标相比，购买服务的腐败风险会更大。工程招标具有硬性规则和评估指标，而购买服务的指标往往是软性的，如果不建立严格规则，保证资金分配的公开、透明、公平、公正，有可能成为新的“寻租”领地。于安（2013）指出，社会力量提供服务的数量、质量和成本与政府提供的服务相比，具有灵活性和不确定性，有可能效率更高，也有可能不尽如人意。对服务供应商来说，唯利是图的商业本性和公共服务的持续性要求存在内在冲突。服务质量的稳定性、可靠性程度也受市场价格变动的影响。这些都是社会力量承担公共服务的风险。而一般政府采购不达标可以退货，但是一旦公众因为公共服务不佳而利益受损，很可能引发群体性事件，需设立监管制度杜绝政府购买公共服务中的权钱交易。胡朝阳（2013）基于法经济学的视角分析了政府购买公共服务的监管难题，认为政府购买公共服务实乃政府以资助方式委托社会组织代理其从事社会服务，政府乃公众（服务对象）代理人，社会组织乃政府代理人。代理人相对委托人在代理行为上拥有信息优势而呈现信息不对称，委托人因“有限理性”而难以全面掌控其代理行为，作为“理性经济人”其间利益博弈易诱发代理人机会主义行为。上述双重代理致其遭遇双重监管困局，由此会出现政府机会主义和社会组织机会主义，亟待在制度设计上构建合理的规制体系，并选择恰当的规制措施以达至对其有效监管。高俊峰（2016）认为，计划经济的条块分割体制弊端导致公共服务供给滞后，无法满足社会公众日益多样化的服务需求。

（三）关于风险防控

周骏（2010）通过建立政府购买公共服务的责任风险防范框架，提出要加强合同管理，增加对政府购买公共服务的内部控制，以及保障公民和社会第三方组织的监督等方面对风险防范提出建设性的建议。同时，他也提出了我国在风险防范方面法律法规的不足之处，并在优化社会环境方面提出了可以借鉴的意见。李茹等（2011）认为，虽然各地政府根据实际需要下发了相关的工作意见和指导意见等，但这些相关文件与措施，不仅效力低，且随意性很大。由于地方政府缺乏实践经验，文件规定在购买程序、购买内容、定价、资金来源、评估机制等方面都需要改进。赵雪峰（2013）认为，目前我国存在法律法规体系不健全、运作机制不完善、评价和监督机制不到位、社会组织承接能力弱等制度性障碍。吴磊（2014）将政府购买服务风险分为

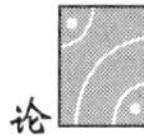

需求方风险和供给方风险，并构建了以风险准备、风险识别、风险分析、风险评价和风险处置为流程的政府购买风险管理框架。最后，提出了健全多元主题的监督评价机制、加强绩效评估等对策。郑亚瑜（2015）基于购买过程的视角，提出了需求信息失真、资金管理缺位、私人供应垄断、公平责任缺失、评估结果难产五个风险，并相应地指出其防范方法是建立公共服务需求调查体系、引入公共服务预算管理机制、加强合同管理能力、倡导网络监督等。孙晓莉（2015）从买方自由裁量权过大、竞争机会的非公平性、责任落空等风险切入，提出了保障购买公共服务标准的透明度和供应方竞争的透明度，建立持续有效的双线激励和约束机制。

三、国内外研究评述

从以上国内外研究现状可以看出，国内学者和国外学者在政府购买公共服务的内涵表述上存在一定的差异，国外学者通常用公共服务合同外包来表述，而国内学者在研究过程中一般直接用政府购买来表述。但是，这种表述上的差异并不妨碍其实质的一致性，其实质都是政府为提高公共服务供给效率对自身的一种改革行为，一方面，引入的市场竞争机制可以破除政府在服务供给方面的垄断地位；另一方面，也可使政府将其主要精力集中在履行监管职责和其他方面。

关于政府购买公共服务的本质属性，目前，国内外大多数学者取得了一致的共识，即无论政府购买公共服务的形式和内容如何变化，其实质无非是政府通过财政资金或者其他公益性资金向服务供应商购买公共服务的过程，这一问题也是我们研究政府购买公共服务风险防范的“模块化嵌入式”机制必须首先予以思考和解答的问题。

总体上看，国内外学者在对政府购买服务的研究中已经关注到风险问题，并试图从法制建设和制度约束等方面加强风险防范，但却比较鲜见基于财政监督视角切入进行风险管控的系统性研究成果。现实中，我国的政府购买公共服务制度的起步时间不算长，经验不够丰富，但发展势头强劲，财政部门作为主管部门，其所肩负的监管责任重大。特别是在相关制度尚在健全和完善过程中，但政府购买公共服务范围与规模却日益扩大和增长的情况下，以风险管理为导向，深入研究构建科学有效的财政监督机制就显得非常重要。因此，本书选择这一研究视角，拟从理论和实践两个层面，深入分析政府购买公共服务在各个流程模块中可能存在的各类风险，并努力探索如何将财政监督的相关工具和手段嵌入流程模块之中，最终形成完整的财政监督链条，进而构建起科学有效的财政监督新机制，以防范政府购买公共服务的各类风险。

第三节　研究方法及研究思路

一、研究方法

本书查阅了大量的相关文献，对政府购买公共服务风险防范的理论进行了梳理；通过发放问卷+实地走访+与财政部门实时沟通等方式，对政府购买公共服务现状及财政监督现状进行调查研究；收集和整理了国内外在政府购买公共服务财政监督方面的经验做法，并提出了对我国政府购买公共服务财政监督的借鉴意义；通过专家访谈，拓展了研究思路。具体而言，本书采用了以下研究方法。

（1）文献分析法。对政府购买公共服务风险管理及财政监督模式的相关文献进行了系统收集和梳理，为最终确立我国政府购买公共服务的财政监督模式奠定了基础。

（2）走访调查法。实地走访相关职能部门、企业和社会组织等，多层面了解财政部门对政府购买公共服务监督的重点和难点、了解各方对风险的认知程度和风险形成条件，把握我国政府购买公共服务风险管理和财政监督的总体态势。

（3）PEST模型分析法。利用该模型，研究我国构建新型财政监督机制的制度环境和可行条件。

（4）比较研究法。选择和跟踪部分典型国家及地区的政府购买公共服务风险管理经验和财政监督模式，为构建具有中国特色的政府购买公共服务财政监督模式提供参考。

（5）问卷调查法。设计公众对政府购买公共服务的需求和满意度调查表，邀请公众参与填写后进行汇总数据分析，了解公众对风险的认知和财政监督的偏好。

（6）头脑风暴法。邀请有关部门、社会组织、企业等实际工作部门人员以及部分专家学者进行座谈，充分听取各方意见，以使研究成果更具实用性。

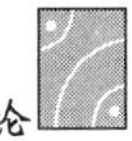

二、研究思路

本书将全面梳理政府购买公共服务财政监督的理论依据，认真分析我国政府购买公共服务财政监督的现状与问题，努力搭建政府购买公共服务的风险分析框架，通过借鉴国内外政府购买公共服务风险防控机制的经验，提出构建我国政府购买公共服务的“模块化嵌入式”的财政监督创新机制。

本书采用的技术路线如图1－1所示。

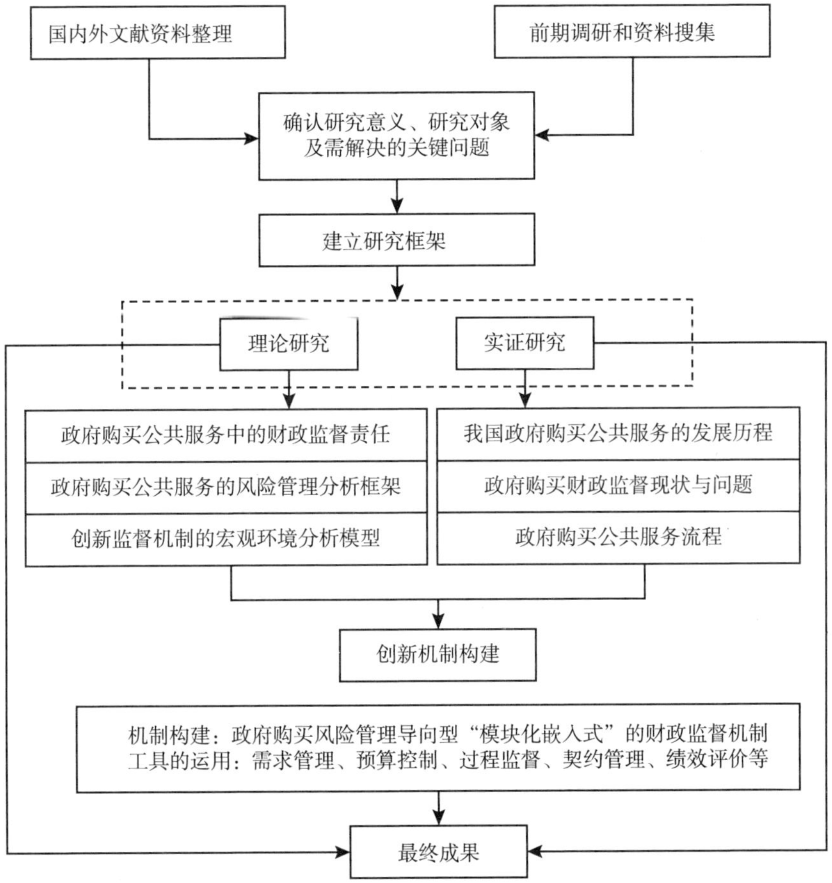

图1－1 本书的技术路线

第二章

政府购买公共服务财政监督的理论溯源

在政府提升治理能力现代化的过程中，大力推行政府购买公共服务制度并将其作为政府治理现代化的重要工具，有着深刻的理论基础。而在推行该项制度的同时必须加强财政监督，构建有效的财政监督机制，以防止各种风险的发生。为此，本章深入研究了政府购买公共服务财政监督的理论基础，并将其进行了梳理。这些理论基础主要包括公共产品理论、新公共管理理论、新公共服务理论、委托代理理论、公共选择理论、风险管理理论等。利用上述理论，可以从不同的视角对政府购买公共服务及其财政监督的意义和作用进行分析，为我们研究构建政府购买公共服务的财政监督机制提供了理论依据。

第一节 新公共管理理论

一、新公共管理理论概述

20 世纪 70 年代以来，美国、英国等西方发达资本主义国家开始实行政府改革，把应用于企业的经营管理和竞争机制引入政府，逐渐发展完善了新公共管理理论。此前的传统公共管理认为，效率就是最大限度地“完成”或“实现”既定的目标，而新公共管理则将效率的重点放在收益比上，即如何以最小的成本获得最大收益。新公共管理理论追求经济（economy）、效率（efficiency）和效益（effectiveness），简称三 E 原则。为了解决绩效问题，新公共管理将“市场”引入公共行政领域中，将

政府与市场作为两种配置资源和协调社会经济活动的主要机制或制度安排，指出政府与市场之间的组合状况会直接影响社会资源配置的效率，主张将市场机制引入公共产品的供给中来。

新公共管理理论认为，政府应改变传统的僵硬、缺少弹性的官僚制和科层制模式，积极地以公众的需求和市场为导向，增强对民众的回应性，重视公共服务的质量和公众满意度，减少过度而不必要的行政干预，更有效率地提供公共服务。同时也应借鉴企业等私营部门的成功管理经营经验，控制成本，强调对政府行为的绩效管理，提高行政效率。并提出了在相关市场发育较为成熟的条件下，可以适当分散政府部门的权力，政府不应过多地直接参与公共物品和公共服务的生产。

为使政府与市场在公共服务中统一起来，新公共管理在政府与市场之间引入了“委托—代理”机制。即政府须通过合同或契约将公共服务中的部分具体行动，委托或外包给部分私营机构，也就是如奥斯本和盖布勒所言的，政府应该是“掌舵”，而不是“划桨”。

二、新公共管理理论与政府购买公共服务的财政监督

新公共管理理论的划时代意义在于将市场经济中的企业管理的相关经验引入政府部门中，通过竞争机制和绩效管理根除官僚主义痼疾，提升政府行政效率。正是由于这种将市场机制引入政府公共管理的新理念，使得公共服务领域中的政府长期作为单一供应者的局面被打破，更多的主体被引入，成为公共服务的生产者和提供者，而政府则成为公共服务的购买者。政府角色的转变和多元主体的参与，使得政府治理的手段和工具更加丰富，方式更加灵活，政府向社会公众提供的公共服务范围也日益扩大，购买规模逐渐增加，公共服务的质量和效益也不断提高。可以非常明确地讲，正是新公共管理理论为政府购买公共服务的诞生奠定了理论基础，而政府购买公共服务是新公共管理理论在公共物品提供方面的一个重要实践。

由于政府购买公共服务是将市场机制引入政府公共服务提供的领域中，使得政府由传统的公共服务生产者和供应者转变为购买者，并由此在购买的交易行为中与政府购买公共服务的承接主体形成买卖关系，双方在市场交易中是平等的市场主体，因此在购买活动过程中，应当遵守市场经济中的公平竞争、公平交易的基本规则，对购买公共服务资金的

使用必须讲求绩效，要强调效率、效益和效果。以往政府直接向社会公众提供公共服务的垄断模式，无法打破传统的官僚体制造成的资金浪费、效率低下问题，而政府购买公共服务的方式能够改变这些问题，通过引入竞争机制和绩效管理，促使公共服务的供给更加具有效率和效益，以防止公共购买资金的损失和浪费。财政部门作为政府购买公共服务资金的提供者，必须高度关注和重视财政资金的使用情况和购买结果，必须通过规范政府购买公共服务的制度约束和过程监管，利用各种财政监督工具，防范财政资金在政府购买公共服务活动中出现损失、浪费和低效风险。因此，新公共管理理论是加强政府购买公共服务财政监督的重要理论基础。

第二节　新公共服务理论

一、新公共服务理论概述

在新公共管理理论的实践过程中，出现了过于注重效率、忽视民主和公平、过度市场化等问题。罗伯特·登哈特等诸多学者对这些弊端和问题进行了总结与反思，创立了新公共服务理论。新公共服务理论认为，过度追求效率和将政府部门“企业化”，存在弊端，不利于提升公民参与和塑造共同价值。政府提供公共服务的对象是社会公众，而不是单纯经济学意义上的顾客。政府部门应从宏观的社会公众集体价值方面考虑自身行为的合理性，而非照顾特定部分群体的短期利益。

新公共服务坚持“服务，而不是掌舵”的基本理念，强调服务依然是公共行政领域的核心内容。但是，新公共服务理论的“服务”有着全新的内涵：“越来越重要的是要利用基于价值的共同领导来帮助公民明确表达和满足他们的共同利益需求，而不是试图控制或掌控社会新的发展方向。”① 因此，新公共服务理论强调“公共性”“参与性”和“服务性”三大原则。

新公共服务理论的核心观点有以下几个方面。

① ［美］珍妮特·V·登哈特、罗伯特·B·登哈特著，丁煌译：《新公共服务：服务，而不是掌舵》（第三版），中国人民大学出版社 2016 年版。

第一，政府不是社会发展的掌舵者，而是公共服务的推动者。随着社会政治经济的不断发展，社会中的利益主体日趋多元化。在复杂的局面下，政府应改变过去引领社会发展的工作思路，要积极地同各个利益主体和社会力量进行合作对话，让他们充分表达自身的利益诉求，并在共同价值的理念下予以满足。

第二，政府行为要兼具战略性和民主性。任何一项公共政策的制定和实施，都离不开社会各界的积极参与。想要达到长远的战略目标，政府必须成为一个活动的组织者，组织各方力量进入政策的制定、执行和评估过程中。参与的民主性和行动的战略性不可分割。

第三，新公共管理理论往往通过委托代理的方式明确双方的责任和义务，但政府行为并不完全等同于市场行为，公共服务的根本目的是为满足社会公众的需求，而非完成泾渭分明的合同契约。公共价值较为抽象复杂，无法单纯地通过市场化手段予以满足。

第四，相比于追求效率的市场精神，树立公共服务意识对政府部门更为重要。政府部门一方面要肯定市场化手段的积极作用，另一方面更应强调人本的核心价值。市场化在政府部门的行为中是手段而非目的，政府部门应尽全力满足公众需求，而非通过服务大众为自己谋利。政府部门也应更加重视自身的工作人员（区别于企业员工对待），通过下放权力等手段激励其为社会更好地提供服务。

二、新公共服务理论与政府购买公共服务的财政监督

新公共服务理论强调政府是“服务，而不是掌舵”，这实际上突出了政府的公共责任。在政府购买公共服务中，政府部门不应当过度追求市场化，完全把公共服务交由市场来提供，应当由政府承担的公共服务责任必须由政府承担。也正因为政府所承担的公共服务职责，使得政府与普通的服务购买者不同。一方面，政府之所以要购买公共服务，是因为政府作为社会管理者本身承担着重要的为公众服务的公共责任，基于此，政府必须向社会公众提供公共服务，只不过是由原来的直接提供方式，转变为通过购买提供的方式；另一方面，用于购买公共服务的资金来自公共财政，其本源是来自纳税人缴纳的税金，政府使用公共资金用于公共服务的购买，直接关系到社会公众的公共利益。基于以上两个方面，决定了政府购买公共服务的目的，不是为了转换方式、甩包袱、卸责任，而是要通过公共服

务提供方式的改变，更好地为公众提供优质高效的公共服务。因此，在购买公共服务中，政府必须居于主导地位，必须在尊重和遵守市场经济基本原则的基础上，根据自身的公共责任对政府购买公共服务制定明确的制度和规则，并实施有效的监督和管理。也就是说，政府要监督政府购买公共服务这艘航船的行驶方向、行进速度以及在航船内部交易活动的合法合规情况，防止发生各类风险，保证优质高效地向社会公众提供更多更好的公共服务。

同时，新公共服务理论强调的公共性、参与性和服务性原则，要求政府应当以战略的视角听取社会公众的意见与需求，通过推动公共服务供给方式的多元化来提升公共服务质量，进一步树立公共服务意识，促进政府的职能转变。因此，该理论为明确政府购买公共服务参与各方的主体责任，以及鼓励公众积极参与对政府购买公共服务的监督以促进公共服务质量的提升提供了有力的理论支撑。

第三节　委托代理理论

一、委托代理理论概述

20 世纪 30 年代，随着社会分工的不断明确，委托代理理论在西方私营部门中不断兴起，这一理论又被称为代理人理论。委托代理关系是指某行为主体根据一定的约定、原则、契约，选择或指定其他行为主体为其服务，授予其一定的权力，而相应的被授权者就是代理人，在生产、经营等实际经济活动中，两者构成了委托代理关系。尽管这一理论为实际生产发展提供了许多方便，然而，由于在委托代理关系中，委托人和代理人之间存在着极为严重的信息不对称关系，因此，委托人对代理人的监督就变得极为困难，这一理论要求委托人须通过各种形式的激励机制促使代理人以最低成本来完成委托人交办的任务，即委托人追求以最小化的投入获取最大化的产出。

由于公共物品的不可分割，且具有非排他性和外部性，因此，公共物品由政府部门来提供比较可行、有效。而政府自身运行和提供服务的资金来源则是社会公众所缴纳的税款，因此，政府部门就成为接受社会公众委

托承担公共责任的代理人，并行使相应的委托权力。

委托代理理论建立在非对称信息博弈论基础上，即对于某一事物的参与者来说，其中一部分参与者拥有其他人所没有掌握的信息，信息不对称表现在掌握信息的时间或者掌握信息的内容方面。政府部门依据行政体系及相关的制度安排运行并提供公共服务。但由于部门之间的层级、业务、权限等不同，势必会造成信息不对称，进而造成贪污、受贿、滥用职权等腐败行为，会严重影响公共服务的提供质量和政府形象。

二、委托代理理论与政府购买公共服务的财政监督

在当代，政府购买公共服务中的委托代理是各国政府极力提倡的一种重要理论依据和制度格局。因此，委托代理理论是贯穿于各国政府购买公共服务制度体制的理论前提和依托条件。在政府购买公共服务中，存在两层委托代理关系。其一，从社会公众与政府之间的关系来看，社会公众所缴纳的税款构成了财政资金，社会公众是财政资金的来源和所有者，而政府则代表公众，利用财政资金购买公共服务。因此，社会公众与政府部门构成了一个委托代理关系，公众为授权者，政府为被授权者，作为代理人，受公众的代理和委托，使用财政资金进行政府购买公共服务活动。其二，从政府与提供公共服务的社会组织之间的关系来看，政府作为委托人，将公共服务项目委托给某一社会组织（代理人）来完成，并根据完成情况支付报酬，两者实际上也构成了委托代理关系。

在这两层委托代理关系中，委托人都希望代理人能够为自己实现收益最大化。在政府购买公共服务的过程中，一方面政府作为代理人，另一方面又作为委托人，处于一个被监督者与监督者的双重地位，其所作所为对政府购买公共服务的实施效果有着十分重要的影响。从这个角度看，对政府购买公共服务的监督机制进行研究有着很大的必要性。政府财政部门作为财政资金管理的职能机构，既要对其委托人（社会公众）负责，也要对其代理人（承接主体）进行监督，目的是要保证公共资金使用的安全、效率和效益。在监督过程中，财政如何克服信息不对称导致的监管困难，最大限度地防范资金使用和所购公共服务质量的风险，就成为研究的重点。因此，基于委托代理理论，研究政府购买公共服务的财政监督就显得十分重要，委托代理理论也就成为构建政府购买公共服务财政监督机制的重要理论依据。

在传统的公共服务提供过程中，政府一般通过内部决策自行确立并直接安排公共服务的供给，在这种模式中，制定公共服务供给的决策主体和具体提供公共服务的主体一般都由政府自身来承担。尽管可能不同级别的政府或者政府各职能部门之间在公共服务的具体决策和供给提供安排上分工不同，但政府在整个供给服务生产和提供流程中的角色并没有发生实际的变化，政府既充当了安排公共服务供给的设计角色，又是生产公共服务的主体，同时也是监督服务供给的主体。多重角色重叠的结果，致使政府既不能将工作重点集中在政策制定上，又不能有效制约购买决策和执行的随意性。在这种情况下，西方国家兴起的新公共管理运动，率先为破解这一难题提供了理论上的可能，而如果继续在政府购买公共服务中引入委托代理理论，那么不仅可以使政府部门的购买决策和服务供给分开，还可以改变供应商和购买者之间的行政隶属关系，从而有利于服务供应商和政府及其各部门之间建立公平的契约合作关系，也有利于政府更好地开展监督工作，最终达到有效预防政府购买公共服务风险的目的。

如今，政府购买公共服务已经不局限于单一的代理形式，而是形成了多种委托代理和委托代理链条格局。针对服务需求，政府既可以委托具有独立竞争性的社会组织或企业来提供，又可以和企业及社会组织进行互动合作，在政府外包合同后，企业或者社会组织也可以以委托人的身份将服务委托给其他组织来承接。于是，在服务决策和服务供给生产部门之间、政府各层级和各部门之间以及政府和私营部门之间都可以存在各种委托代理链条，随着第三部门的不断兴起，政府部门也委托第三方机构来对政府购买公共服务项目进行监督和评估，这些新变化都表明了委托代理理论的使用内涵和实践发展远远超出了预期。此外，随着时代的发展，公共契约逐渐成为现代政府购买公共服务委托代理的基本工具，通过契约，政府激励并约束公共服务供应商的行为，从而在最大程度上保障合同的落实，消除政府在购买公共服务过程中的风险。

可以说，在政府购买公共服务主体关系中的委托代理理论体现得较为明确，政府及其部门将服务项目委托给社会组织或者企业，从而支付给他们财政资金，尽量以最小化的投入获得最大化的公共利益。在这一过程中，让服务项目在阳光下运行，对于提升国家治理能力，提高政府公信力和执行力，保障人民群众的知情权、参与权、表达权和监督权具有极为重要的建设意义。

第四节　风险管理理论

一、风险管理理论概述

风险管理（risk management）是指如何在项目或者企业的一个肯定有风险的环境里把风险降至最低的管理过程。风险管理是指通过对风险的认识、衡量和分析，选择最有效的方式，主动地、有目的地、有计划地处理风险，以最小成本争取获得最大安全保证的管理方法。风险管理框架是指对于风险和风险系统进行预测、评估、分析和控制的体系。

风险管理作为一门学科，是在20世纪60年代中期出现的。60年代中期至80年代末，国外对于组织风险的研究领域开始由政治领域向经济、社会领域扩展，并形成了企业风险管理和公共风险危机管理这两个既独立又相互融合的学科分支。1987年，联合国出版关于风险管理的研究报告《发展中国家风险管理的推进》，进一步推动了风险管理思想在发展中国家的扩散和普及。90年代以来，国外对于组织风险管理的理论研究进入了逐渐繁荣的阶段。学者们对风险危机的理论框架体系和具体内容作了进一步的研究，同时对危机中的风险沟通、危机公关都作了比较详细的论述，从而使得风险管理的理论更具有实际可操作性。

20世纪初，管理学派的创始人法约尔提出了安全生产思想，与马歇尔的“风险分担管理”观点一起，使风险管理思想得到了进一步发展。直至20世纪60年代，风险管理作为一门正式的学科出现。1964年，威廉姆斯和汉斯在《风险管理与保险》中提出，风险管理是在风险识别的基础上，衡量风险可能所致的损失，以最小的成本最大限度地控制风险的一种办法。伴随着资源的全球化流动，经济环境愈加复杂，风险管理理论经历了纯粹风险管理、自我风险管理和综合管理三个发展阶段。

（一）20世纪50年代至60年代的纯粹风险管理阶段

纯粹风险管理阶段的风险管理理论侧重于对管理对象的含义界定和范围研究。基于风险性质的不同，盖辛（Gahin）将风险分为纯粹风险（不利风险）和投机风险。他认为，纯粹风险会对企业的持续经营产生不利影响，长期存在的纯粹风险甚至会使企业陷入泥沼而无法抽身。因此，纯粹风险是风险管理的对象。应对纯粹风险，企业通常以保险作为主要手段减少风险带来的损害。

（二）20 世纪 60 年代至 90 年代的自我风险管理阶段

1960 年以后，经济环境复杂化和国际化趋势日益显著，企业发现，传统的保险不再能满足企业对控制经营风险的需求，组织内部对于风险的管理控制也同样十分必要。因此，内部控制理论开始盛行。20 世纪 70 年代，随着布雷顿森林体系的崩溃，世界各国利率出现了较大波动，跨国公司为减少利率风险，促使资本市场与保险市场相结合，另类风险转移（ART）成为新的风险管理工具。

（三）20 世纪 90 年代至今的综合管理阶段

面对全球经济一体化，经济危机发生的频率加快，影响范围和后果不断扩大，企业生存的环境日益复杂化，面临的风险也不断增加。企业必须从综合的、宏观的角度对风险进行全面管理。不仅如此，风险管理不再是企业的“专利”，在新公共管理运动的改革下，第三部门和公共组织也逐渐引入了风险管理。

在 20 世纪 60 年代，托德和沃恩（Todd and Vaughan）提出，要加强政府部门的风险管理，保证在出现意外灾害时，政府的财政资金可以最大限度地免受影响，从而保证政府部门正常提供服务的能力。但当时美国的政府官员并无风险管理意识，直至 70 年代初期，美国的公共部门才开始重视并着手制定风险管理规划。面对经济危机、恐怖主义和社会问题，公众权力的意识觉醒开始对政府施加压力，政府同样面临风险管理问题。20 世纪 80 年代至 21 世纪初，欧美学者针对社会风险及其管理模式进行了大量的研究，并形成了社会风险管理理论。在“9·11”事件和“非典”后，我国学者开始逐渐认识到公共风险管理在现代行政中的重要性，指出政府是防范公共风险的主要主体，需要建立完善的公共危机管理机制。

目前，西方国家对风险管理的研究已经达到了很高的水平，各领域、各学科从不同的视角建立了诸多风险管理模型，风险管理已经走向一种量化和制度化的水平。特别是在企业风险管理方面，学者们已经做了大量的研究，并提出了风险管理模型（John·Buenett）、风险管理的壳层结构模型（obert heath）、风险公关模型（Marra）等。他们的研究成果对企业风

险管理产生了非常大的帮助，同时也为公共服务领域防范风险提供了重要的思路和分析工具。

我国的风险管理研究与实践起步较晚，直到20世纪80年代中期，国外风险管理思想才逐步被引入我国并在理论与实践领域中得到较快发展，并在企业管理、金融、保险、投资、项目管理等领域得到广泛应用。在公共管理领域中，公共危机管理成为一个重要的研究议题。近年来，随着地方政府融资平台的快速膨胀，地方政府债务风险问题成为社会各界热议的问题，在财政资金管理中引入风险管理方法和工具，已逐渐引起学术界的重视。

二、风险管理理论与政府购买公共服务的财政监督

政府购买公共服务是运用市场机制驱动社会力量参与公共服务的提供，以提高政府的生产效率，在此过程中，同样会面临各种各样的风险。随着我国政府购买公共服务制度的快速推进，制度运行过程中必然存在各类风险，如信息不对称、权责划分不明、产权不明晰等客观风险和寻租、监督不足等主客观风险，因此，对政府购买公共服务进行风险管理是保证政府有效提供公共服务的必要条件。这些风险有些是显性的，有些是隐性的，如何对其进行有效识别，分析、评估，并最终进行科学管控，尚未形成专门的研究体系，但是这些风险的存在，必然会在一定程度上影响政府购买公共服务制度的健康发展。

防范各类风险的发生，保证财政支付购买公共服务的资金安全、效率和效益，是财政管理的重要内容，也是财政部门肩负的重要公共责任。提高财政资金配置效率和资金使用的安全，防范风险是财政部门的职责。而传统的财政资金管理工作并未把风险防范作为重要的研究内容，使得财政资金在分配和使用方面长期存在低效和浪费现象。再加上政府购买公共服务本身与政府采购货物和工程不同的是对服务缺乏明确的硬标准，这对公共服务定价以及合同的履约都会产生直接影响，存在的各类显性和隐性风险更大。因此，有必要将风险管理理论引入政府购买公共服务领域中来，运用风险管理理论和方法对政府购买公共服务的各类风险进行有效识别，分析其可能产生的影响，并作出防范风险的决策。这种方法的运用，对于构建创新型政府购买公共服务的财政监督机制具有十分重要的理论和现实意义。

第五节 嵌入性理论

一、嵌入性理论概述

嵌入性（embeddedness）是新经济社会学的核心概念，也是其考察经济与社会相互关系的出发点。这一概念最初由人类学家波兰尼（Polanyi）于1944年在《伟大的转折》一书中提出。波兰尼的嵌入性理论为经济社会学提供了一套分析工具。他认为，“人类经济嵌入并缠结于经济与非经济的制度之中，将非经济的制度包括在内是极其重要的”，“经济作为一个制度过程，是嵌入在经济和非经济制度之中的”。

1985年，美国新经济社会学家格兰诺维特（Mark Granovetter）在《美国社会学》杂志上发表了《经济行动与社会结构：嵌入性问题》一文，再次提出了嵌入性问题。格兰诺维特认为，企业的经济行为嵌入在其所处的社会关系和社会结构中，会受到所嵌入的社会关系结构的影响。他在详细论述经济与社会基本关系的前提下，还从微观和中观的角度具体考察了影响经济行为的社会因素，并从社会网络的角度对这些因素作数理分析，建立了一系列嵌入性的关系模型。格兰诺维特将嵌入方式分为关系性嵌入和结构性嵌入，指出强连带能够产生信任，弱连带在传播信息方面具有优势，这是对于嵌入性理论形成和发展做出的重要贡献。

经过格兰诺维特等人的系统研究和论述，“嵌入性”逐渐成为较为完备的理论，在社会网络、组织发展等多个领域得到了普遍应用，并进一步向社会资本、组织发展战略、战略联盟网络等新经济社会学理论方向发展。目前，国内外许多学者利用嵌入性理论已经成功地解释了经济领域和社会活动中的一些重要现象，该理论因此也受到了学术界的普遍关注，其应用领域不断延伸扩展。我国在财政监督方面，借助嵌入性理论对财政资金的运行进行“嵌入式监督”也越来越受到各方重视。

二、嵌入性理论与政府购买公共服务的财政监督

根据嵌入性理论，我们可以得出如下结论。

首先，政府购买公共服务本身是在政府治理理念下的一种创新性的财政制度安排。在这种制度安排下，无论是公共服务购买的战略决策、实施购买的活动过程、购买合同的订立、承接主体的合同履约，还是政府所购买的公共服务向公众提供的最终结果，都必须实现既定的目标指向，并需要遵守相应的制度规范和基本流程，这就为将财政监督工具嵌入各个政府购买公共服务的工作环节中提供了有利的条件。因此，根据这一制度的工作流程，将不同阶段的活动分解成相应的工作模块，并对每一模块进行风险分析和评估，进而将财政监督工具或手段嵌入该工作模块中，就可以使财政监督内含在各个模块中，从而使财政部门对政府购买公共服务的全过程进行监督，有效地防范各类风险的发生。

其次，政府购买公共服务的这种制度安排不仅反映公共服务的购买活动和购买结果，而且还反映了在这一系列购买活动过程中的政府组织（购买主体）与各种参与其中的社会力量（承接主体）之间的相互关系。在一定条件或特定环境下，他们之间的相互关系既可能呈现出积极的正向互动关系，也可能出现消极的反向互动关系。无论是正向互动关系还是反向互动关系，都能够直接体现政府购买公共服务制度在实际运行中的成功之处与缺陷漏洞。为了最大限度地促进积极的正向互动关系，抑制和消除消极的反向互动关系，作为既是社会公众的代理人、又是购买公共服务委托人的政府，就必然使用包括财政部门在内的各种监督工具，激励积极的正向关系进一步发展，努力弥补或堵塞制度缺陷和漏洞，以防范各类风险的发生，并对损害公共利益的相关组织和个人进行惩罚。

最后，由于政府购买公共服务本身既是一种市场行为，又是一种财政行为，也就是说，市场性和财政性同时体现在一个行为之中，这就为将财政监督机制嵌入公共服务购买的市场行为全过程中，提供了充分的条件，也为财政监督机制的有效发挥奠定了基础。

综上可以看出，政府购买公共服务作为一种制度性安排，一方面必须通过财政监督加强风险防范，另一方面又非常适合将财政监督工具嵌入购买公共服务的各个工作环节，形成风险防控的监督链条。因此，嵌入性理论为本书的研究提供了重要的理论依据。

第三章

加强政府购买公共服务财政监督的意义

近年来，我国各级政府配合国家改革战略，积极推动政府向社会力量购买公共服务制度的建设和发展，不断加大财政资金的支持力度，努力扩大政府购买的规模和范围，使其逐步深入社会管理的各个领域，得到了非常明显的治理成效。但是，在这个过程中，由于制度初建，很多问题仍然处于探索和改进阶段，一些风险隐患也逐渐开始显现出来，此时强调加强政府购买公共服务的财政监督具有重要的理论和现实意义。因此，本章将对我国政府购买公共服务的基本情况及制度框架、公众对政府购买公共服务的风险认识、政府购买公共服务制度运行中存在的问题以及加强政府购买公共服务财政监督的意义等进行阐述。

第一节　我国政府购买公共服务的发展情况

一、我国政府购买公共服务制度的发展历程

自20世纪80年代以来，政府垄断公共服务提供导致的长期低效问题，受到了来自社会各界的强烈质疑。在巨大的压力下，英、美、澳、日等西方发达国家纷纷将市场机制引入公共服务提供的领域中来，通过打破传统的政府单一提供的垄断模式，逐步将政府购买公共服务作为重要的治理工具和手段，纳入到政府治理改革的实践框架之中，并且取得了重大成效。西方发达国家的实践经验表明，政府购买公共服务是提高政府公共服务供给效率的一种有效选择。20世纪90年代中期，我国一些地方政府为

了提高财政支出的使用效率，开始借鉴发达国家和地区的先进经验，尝试在一些公共服务领域中利用政府购买公共服务的方式改进公共服务的供给模式，提高供给效率和质量。2013 年之后，随着国家从政府治理顶层设计的层面大力推进政府购买公共服务，该制度已经在全国呈现出快速发展的势头。目前，我国政府购买公共服务制度已在地方政府小范围尝试的基础上逐渐上升为国家战略，并初步形成了制度框架，为今后促进政府购买公共服务制度的健康发展奠定了制度基础。

（一）地方实践的初步尝试

为了提高环境卫生服务质量，广东省深圳市罗湖区借鉴香港的经验，于 1994 年率先尝试政府购买公共服务的办法。罗湖区政府引导原来与政府有聘用关系的环卫工人成立独立的环卫公司，然后再由政府向这些环卫公司分区分片购买环卫服务。此举打破了政府与环卫工人之间的聘用关系，公共环境保洁的效果得到了很大提高，改革取得了非常好的效果。初步尝试取得成功之后，其经验不但在罗湖区内得到了推广，而且也在深圳市产生了积极的影响。1998 年，深圳市绿化管理处借鉴罗湖区的做法，首先引导一部分公园养护工人成立了园林绿化公司，然后再由政府向他们购买园林绿化服务，使得深圳市的园林绿化市场力量迅速发展起来。

1995 年，上海市浦东新区正式启用政府购买公共服务模式。浦东新区通过政府购买委托的方式，将综合性的市民活动中心——罗山会馆交由上海基督教青年会管理。这一案例被视为中国最早的政府向非营利组织购买公共服务的探索。其后，北京、浙江、江苏等全国其他一些大中型城市纷纷开展了政府购买公共服务的尝试，政府购买公共服务的形式更加多样化，涉及的领域更加广泛，服务的内容也更加丰富，各地在教育培训、公共卫生、环境保护、政策咨询、文化传播、社区服务、居家养老、残疾人服务、城市规划等方面做了很多的尝试。一时间，政府购买公共服务成为各地方政府深化行政管理体制改革、进行社会治理创新的一大亮点。

虽然在这一阶段，我国政府购买公共服务方式仅局限在地方政府的小范围内尝试，并且各地也还没有真正建立起政府购买公共服务的制度，但是，先行尝试政府购买公共服务方式的地方政府，已经看到了改革带来的实际效果，初步积累了一定的经验，同时也给更多地区的地方政府带来了强烈的示范效应，为在全国范围内建立和推行政府购买公共服务制度打下了先行先试的实践基础。“在社会公共服务上，官退民进是大趋势。”①

（二）各级政府的逐步探索

1999年4月，中华人民共和国财政部颁布《政府采购管理暂行办法》，明确将服务采购纳入政府采购管理之中。2003年1月正式实施的《中华人民共和国政府采购法》，用法律的形式规定了服务采购是政府采购的重要内容。虽然此时在政府采购法里并没有明确“政府购买公共服务”的概念，其所指的“服务”主要是政府机构运转所需的服务事项，如维修和保养服务、租赁服务、信息技术服务等，但并未将公共服务排除在政府采购的制度框架之外。②

2005年12月，我国启动了“非政府组织与政府合作实施村级扶贫规划试点项目”，这是我国在国家层面进行的比较规范的政府向非营利组织购买公共服务的开始。至此，开始了我国政府购买公共服务在扶贫领域的规范化运行模式。2006年，财政部、国家发展改革委、卫生部等联合下发了《关于城市社区卫生补助政策的意见》，对城市社区公共卫生服务开展了政府购买公共服务的试点。2007年，国务院办公厅发布了《关于加快推进行业协会商会改革和发展的若干意见》，明确提出要建立政府购买行业协会的服务制度。2011年12月，民政部、国家发展改革委印发的《民政事业发展第十二个五年规划》，明确提出“政府主导、社会参与”的指导思想，提出要坚持通过转变政府职能、落实政策措施、引入市场机制等举措引导社会参与民政公共服务的政策思路。要求要“善于发挥市场机制作用，推行政府购买、特许经营、合同委托、服务外包等提供服务的方式，制定规范准入、资质认定、登记审批、招投标、服务监管、奖惩激励及退出等操作规则和管理办法，引导和规范基层自治组织、社会组织、企事业单位进入法规允许的民政公共服务领域。”③ 进一步明确了在政府主导下，向社会组织开放更多公共服务资源，逐步将政府提供公共服务的具体事务向社会组织转移的改革方向。2012年，财政部、民政部发布了《中央财政支持社会组织参与社会服务项目资金使用管理办法》、民政部发布了《民政部关于印发〈2013年中央财政支持社会组织参与社会服务项

---

① 卢丽涛、林伟江：《政府购买服务的广东经验》，载《第一财经日报》2013年11月5日。

② 杨燕英、汪佳丽：《政府购买公共服务导论》，经济科学出版社2018年版。

③ 民政部、国家发改委：《民政事业发展第十二个五年规划》，中华人民共和国中央人民政府网，2011年12月20日。

目实施方案〉的通知》《中央财政支持社会组织参与社会服务项目资金管理办法实施细则》等一系列政策文件，对政府购买公共服务项目的申报条件、评审程序、监督体系等做出了相应的规定，使中央财政支持社会组织参与社会服务有了明确的制度规范。

与此同时，我国许多地方政府也相继出台了地方性的政府购买公共服务指导意见，陆续对政府购买公共服务制定了具体的管理办法。如2005年，上海市浦东新区政府出台了《浦东新区关于政府购买公共服务的实施意见（试行)》；无锡市委出台了《关于政府购买公共服务的指导意见(试行)》。2006年，北京市出台了《关于政府购买公共服务指导意见》；宁波市财政局出台了《关于大力推进公共服务实行政府采购的工作意见》。2007年，山东省出台了《政府购买城市社区公共卫生服务指导意见（试行)》。2008年，黑龙江省出台了《黑龙江省开展政府购买社区卫生服务试点工作实施办法（试行)》；深圳市宝安区发布了《推进政府购买公共服务改革工作方案的通知》。2009年，成都市出台了《关于建立政府购买社会组织服务制度的意见（试行)》；等等。[①]

可以看出，无论是国家层面还是地方各级政府，都非常重视政府购买公共服务方式在公共服务供给方面发挥的积极作用，已经开始将其作为社会治理创新的重要手段加以研究和应用。但是，从总体上看，这种研究和应用仍然是局部的、分散的，尚未形成具有全局性的指导意见和规范的制度体系，各级政府出台的“指导意见”大多以“试行”的形式出现，尝试性和探索性的意味非常浓厚，并且各地制定的制度办法差异较大。

（三）全国范围的制度推开

2013年9月，国务院办公厅颁发了《关于政府向社会力量购买服务的指导意见》(以下简称《指导意见》)，这是从国家层面全面推行政府购买公共服务制度的标志，意味着政府购买公共服务制度从此将在我国全面推开。明确提出要充分认识政府向社会力量购买服务的重要性，正确把握政府向社会力量购买服务的总体方向，规范有序开展政府向社会力量购买服务工作，扎实推进政府向社会力量购买服务工作。《指导意见》的颁布，为中国政府购买公共服务制度的开展明确了方向，也使中国政府购买公共服务走向了全面推行和制度规范的新阶段。

---

① 杨燕英、汪佳丽：《政府购买公共服务导论》，经济科学出版社2018年版。

2013 年 11 月，党的十八届三中全会《中共中央关于全面深化改革若干重大问题的决定》，则进一步提出了“推广政府购买服务，凡属事务性管理服务，原则上都要引入竞争机制，通过合同、委托等方式向社会购买”①，这是从国家治理的顶层设计层面，明确了实施政府购买服务的范围、机制和路径。至此，中国政府购买公共服务制度从自下而上的自发探索，转变成为自上而下的全面推进。这标志着政府购买公共服务已经从小步尝试和局部实施，上升为国家治理过程中的战略部署和重要创新工具。②

从 2014 年开始，中央各相关部门和各级地方政府根据国务院颁布的《指导意见》，纷纷研究制定和出台了本部门和本地区的政府购买公共服务指导意见或制度文件，在政府购买公共服务的方式、程序、预算、监督管理等方面提出了明确的要求，使政府购买公共服务制度走向规范化的发展道路。③ 各级政府着力在政府购买公共服务的制度建设和具体实施方面加大了力度，相继出台了各部门、各地区的制度规范。继 2012 年广东省政府印发《政府向社会组织购买服务暂行办法》，从中制定了政府购买公共服务的“指导性目录”之后，从 2016 年起，各地纷纷相继出台了政府购买公共服务指导性目录，利用指导性目录的形式，明确了本地政府购买公共服务的基本范围，使政府购买公共服务开始进入清单管理模式。用清单管理的方式，使得政府购买公共服务的范围更加清晰，更具操作性。同时，各地根据财政部对财政支出需要进行绩效评价的要求，在政府购买公共服务项目中，引入第三方评价机构对所购公共服务的绩效进行监督。至今，对政府购买公共服务引入第三方进行绩效评价已经成为规范化的制度要求。2013 年以后，中国的政府购买公共服务进入了一个全面的制度建设新阶段，政府购买公共服务的发展步入了快车道。经过几年的努力，我国已经在政府购买公共服务领域初步完成了总体的制度架构，使其在基本的制度架构中按照规定的程序运转。

为规范和指导政府购买公共服务制度的建设和发展，国家和地方政府都相继出台了若干政策文件，对保证政府购买公共服务制度的有序发展搭建起了重要的制度框架，起到了至关重要的基础性和指导性作用。

---

① 中国共产党第十八届中央委员会第三次全体会议：《中共中央关于全面深化改革若干重大问题的决定》，新华社，2013 年 11 月 12 日。

②③ 杨燕英、汪佳丽：《政府购买公共服务导论》，经济科学出版社 2018 年版。

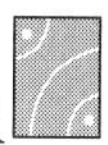

1. 2005～2013 年国家有关部门和各地方政府发布的指导性文件。

2005 年，江苏省无锡市率先发布了《关于政府购买公共服务的指导意见（试行）》，之后一些地方政府相继出台了地方性指导意见。2012 年 11 月 14 日，民政部和财政部为建立健全政府购买社会工作服务制度，加快推进社会工作专业人才队伍建设，加强以保障和改善民生为重点的社会建设，根据《国家中长期人才发展规划纲要（2010～2020 年）》《国家基本公共服务体系"十二五"规划》《关于加强社会工作专业人才队伍建设的意见》和《中华人民共和国政府采购法》的要求，发布了《关于政府购买社会工作服务的指导意见》。在文件中明确指出要充分认识政府购买社会工作服务的重要性与紧迫性，提出了政府购买社会工作服务的指导思想、工作原则和主要目标，并对政府购买社会工作服务的主体、对象、范围、程序与监督管理进行规范。虽然这个文件针对的是政府购买社会工作服务，并不是全部公共服务，但已经充分反映了国家层面对政府购买服务的重视和即将开始的国家层面的制度推行。

2005～2013 年我国政府购买公共服务的政策文件如表 3－1 所示。

表 3－1　　2005～2013 年我国政府购买公共服务的政策文件

发布时间	文件名称	发文机关或地区
2012 年	《关于政府购买社会工作服务的指导意见》	民政部、财政部
2005 年	《关于政府购买公共服务的指导意见（试行）》	无锡市
2006 年	《关于政府购买公共服务指导意见（试行）》	北京市海淀区
2007 年	《浦东新区关于政府购买公共服务的实施意见（试行）》	上海市浦东新区
2007 年	《政府购买城市社区公共卫生服务指导意见（试行）》	山东省
2008 年	《黑龙江省开展政府购买社区公共卫生服务试点工作实施办法》	黑龙江省
2009 年	《关于建立政府购买社会组织服务制度的意见》	成都市
2009 年	《关于开展政府购买社会组织服务试点工作的指导意见》	广东省
2010 年	《无锡市政府购买行业协会商会学会公共服务实施细则》	无锡市
2010 年	《河北省政府购买行业协会临时性服务项目管理与评价实施办法（试行）》	河北省
2010 年	《广州市政府购买社会服务考核评估实施办法（试行）》	广州市
2010 年	《关于政府购买社会组织服务的指导意见》	杭州市

续表

发布时间	文件名称	发文机关或地区
2010 年	《关于规范政府购买社会组织公共服务实施意见》	上海市闵行区
2011 年	《关于政府购买社会组织公共服务的实施意见（试行)》	上海市静安区
2011 年	《购买公共服务暂行办法》	上海市长宁区
2012 年	《印发政府向社会组织购买服务暂行办法的通知》	广东省
2012 年	《关于确定具备承接政府职能转移和购买服务资质的社会组织目录的指导意见》	广东省
2012 年	《关于政府向社会组织购买服务供应方竞争性评审的管理办法》	广东省
2012 年	《2012 年省级政府向社会组织购买服务目录（第一批)》	广东省
2012 年	《东莞市政府向社会组织购买服务工作暂行办法》	东莞市
2012 年	《佛山市级政府向社会组织购买服务指导目录（第一批)》	佛山市
2013 年	《佛山市政府向社会组织购买服务实施办法》	佛山市
2013 年	《省级政府购买公共服务改革暂行办法》	江苏省
2013 年	《关于印发云南省县级以上政府向社会组织购买服务暂行办法的通知》	云南省
2013 年	《市政府购买行业协会商会学会公共服务实施细则（试行)》	无锡市
2013 年	《清远市政府向社会组织购买服务实施意见（试行)》	无锡市

2. 2013 年以来中央政府部门出台的政府购买公共服务指导性文件。

2013 年 9 月，国务院办公厅发布了《关于政府向社会力量购买服务的指导意见》，从此在全国层面正式开启了推进政府购买公共服务制度的进程。之后，财政部、民政部、国家工商总局、文化部等相关部委或单独或联合，针对政府购买公共服务在制度层面发布了一系列的政策文件，对我国政府购买公共服务制度的顺利开展提供了国家层面的制度框架和方向指引，对全国各地方政府制定和规范本地的政府购买公共服务制度建设具有重要的指导意义。之后，全国各级地方政府根据国家政策和制度规定，纷纷制定了本地的政府购买公共服务制度办法。各地文件数量众多，本书不再进行汇总，仅就 2013 ~2016 年中央政府部门购买公共服务的指导性文件进行了梳理，如表 3 -2 所示。

表 3-2 2013~2016 年中央政府部门购买公共服务的指导性文件

发布时间	文件名称	发文机关
2013 年	《国务院办公厅关于政府向社会力量购买服务的指导意见》	国务院办公厅
2013 年	《财政部关于做好政府购买服务工作有关问题的通知》	财政部
2014 年	《财政部关于做好 2014 年中央部门政府购买服务工作的通知》	财政部
2014 年	《国家林业局关于做好中央部门政府购买服务工作的通知》	国家林业局
2014 年	《关于民政部门利用福利彩票公益金向社会力量购买服务的指导意见》	民政部
2014 年	《政府购买服务管理办法（暂行）》	民政部、财政部、工商总局
2014 年	《财政部关于政府购买服务有关预算管理工作的通知》	财政部
2014 年	《财政部关于推进和完善服务项目政府采购有关问题的通知》	财政部
2014 年	《关于支持和规范社会组织承接政府购买服务的通知》	财政部
2015 年	《关于做好政府向社会力量购买公共文化服务工作的意见》	文化部、财政部、新闻出版广电总局、体育总局
2014 年	《关于在公共服务领域推广政府和社会资本合作模式的指导意见》	财政部、发展改革委、人民银行
2015 年	《政府购买服务管理办法》	财政部、民政部、工商总局
2016 年	《关于做好事业单位政府购买服务改革工作的意见》	财政部
2016 年	《关于在公共服务领域深入推进政府和社会资本合作工作的通知》	财政部

二、政府购买公共服务的规模与范围不断扩大

政府购买公共服务制度在全国全面推行之后，我国政府购买公共服务的规模不断扩大，财政在公共服务购买方面的支出快速增长。根据财政部的统计数据显示，2014 年，全国政府采购规模为 17305.34 亿元，比上年增加了 924.24 亿元。其中，随着政府购买服务改革的推进，政府向社会力量购买服务项目大幅增加，服务类采购增长迅速。2014 年，服务类采购金额为 1934.25 亿元，比上年增长了 26.1%，占政府采购总规模的 11.2%，比上年提高了 1.8 个百分点。其中，环境服务、文化体育服务分别为 106.59 亿元、17.24 亿元，比上年分别增长了 114.0%、25.1%。[①]

① 资料来源：中华人民共和国财政部网站。

2015 年，全国政府采购规模为 21070. 5 亿元，首次突破 2 万亿元，比上年增加了 3765. 2 亿元，增长了 21. 8%，占全国财政支出和 GDP 的比重分别达到 12% 和 3. 1%。随着各地政府购买服务工作的推进，服务类采购大幅增长，较上年增加了 1409. 7 亿元，增长了 72. 9%，占政府采购规模的比重明显上升，比上年提升了 4. 7 个百分点。[①] 2016 年，中国政府采购规模继续保持快速增长，采购规模约为 31089 亿元。其中，货物类采购规模占政府采购总规模比重下降，工程类采购比重相对稳定，服务类采购比重上升明显。服务类采购规模为 10219 亿元，剔除以政府购买服务方式实施的棚户区改造和轨道交通等工程建设项目相关支出的 5358 亿元后，服务类采购同口径规模为 4861 亿元，较上年增长了 45. 4%。2014 ~2016 年全国政府采购资金支出结构如图 3 –1、图 3 –2、图 3 –3 所示。[②]

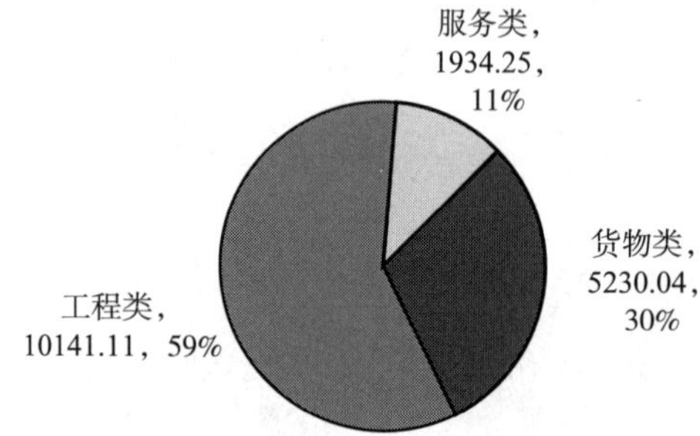

图 3 –1　2014 年全国政府采购资金支出结构

资料来源：中华人民共和国财政部网站。

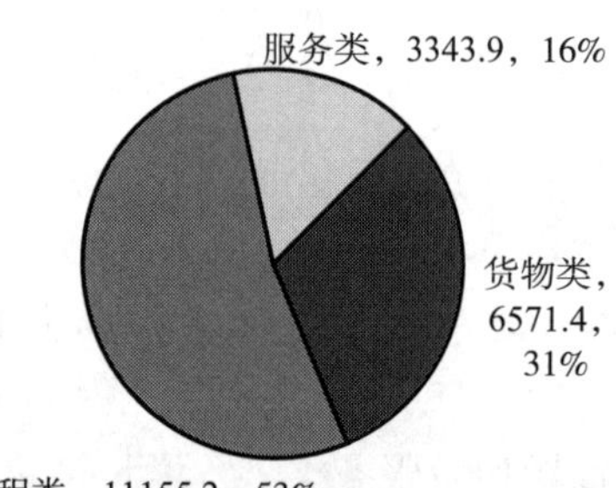

图 3 –2　2015 年全国政府采购资金支出结构

资料来源：中华人民共和国财政部网站。

①② 资料来源：中华人民共和国财政部网站。

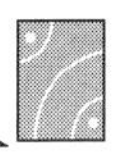

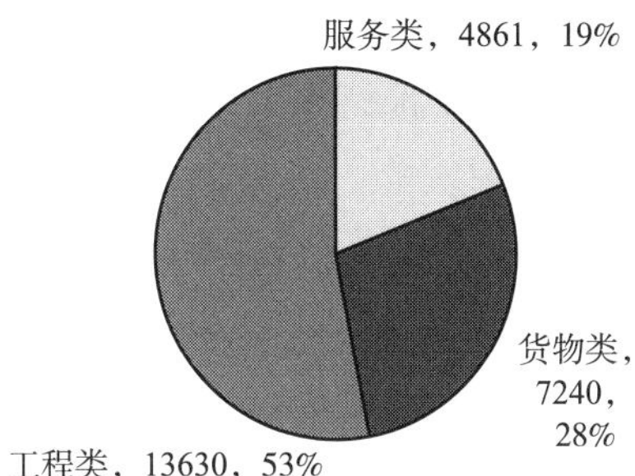

图 3 -3 2016 年全国政府采购资金支出结构

资料来源：中华人民共和国财政部网站。

2014 ~2016 年全国政府采购规模与服务类采购规模如图 3 -4 所示。

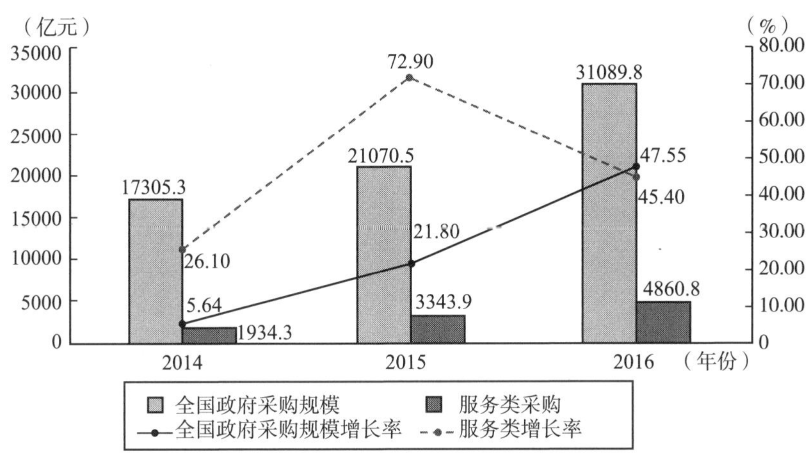

图 3 -4 2014 ~2016 年全国政府采购规模与服务类采购规模

资料来源：根据财政部网站数据制作而得。

虽然在财政部公布的各年度服务类采购数据中，只对服务采购数据进行了总量统计，并没有明确公布政府机关后勤服务类、辅助性服务类与公共服务类的分类数据，但其强调的“随着政府购买服务改革的推进，政府向社会力量购买服务项目大幅增加，服务类采购增长迅速”，直接说明了政府购买公共服务的总量规模呈现出快速增长的势头。

与此同时，政府购买公共服务的范围也在不断扩大。目前，政府购买公共服务已经在国家“十三五”基本公共服务制度框架中的各个领域展开，涉及公共教育、公共卫生和基本医疗、劳动就业、社会保障、社会福利和社会救助、公共文化、公共体育、公共安全、民政服务等基本公共服务领域，并且不断拓展公共服务的购买项目，提升所购公共服务的多样化和个性化水平，提高公共服务质量。

国家基本公共服务制度框架如图3－5所示。

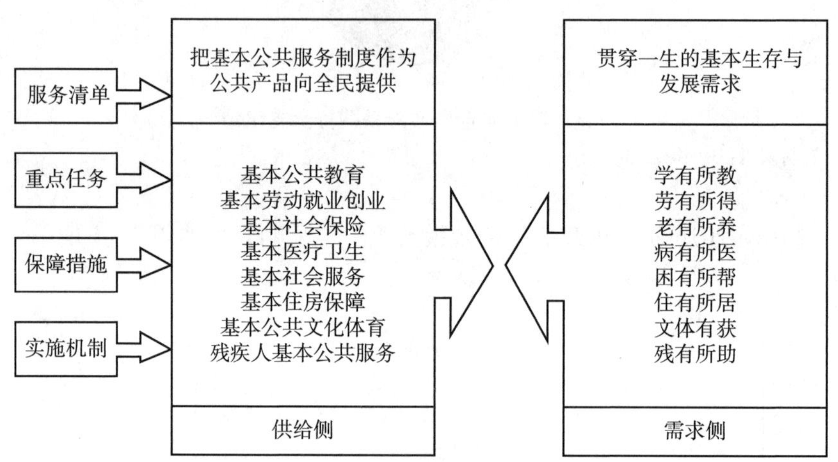

图3－5　国家基本公共服务制度框架

资料来源：国务院：《“十三五”推进基本公共服务均等化规划》，2017年1月23日。

三、各类社会组织蓬勃发展

在政府购买公共服务发展的过程中，除了政府要加大资金投入的力度、扩大购买范围、采用多种购买方式外，拥有大量合格的承接主体也是必备条件。包括各类企业和各类社会组织在内的市场主体，都是政府购买公共服务不可或缺的承接主体。其中，非常适合承接公共服务购买的社会力量是存在于社会生活各个领域的各类社会组织。近年来，在政府推进社会治理创新的过程中，各类社会组织不断发展，为政府寻找更多、更好的购买公共服务承接主体提供了条件。

根据民政部的调查统计资料显示，截至2017年底，全国社会组织总数为80多万个，与上年相比增加了9个百分点。其中，社会团体37.4万个，比上年增长了9.3%；各类基金会6442个，比上年增长了11.9%；民办非企业单位42.1万个，比上年增长了11.0%。图3－6是2010～2017

年8年间我国社会组织规模的变化情况，可以直观地看出，我国社会组织的规模呈逐年增长态势。

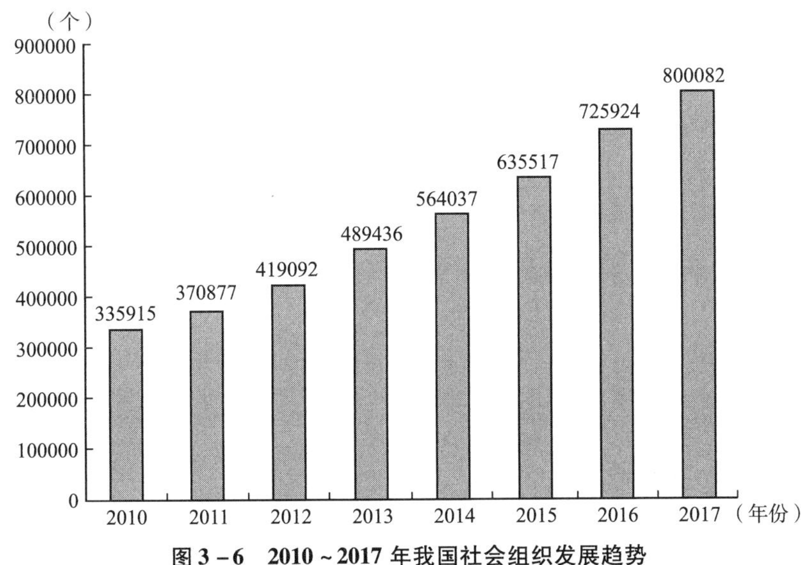

图3-6　2010~2017年我国社会组织发展趋势

资料来源：民政部.《2017年社会服务发展统计公报》，中华人民共和国民政部官网，http://www.mca.gov.cn.

随着我国社会组织规模的不断扩大，能够承担购买服务的社会力量也越来越壮大。社会组织的蓬勃发展为政府购买公共服务建设打下了坚实的基础。

第二节　公众对政府购买公共服务的风险认识

2013年至今，我国政府购买公共服务从制度层面上得到了很大的推进和发展，但是由于政府购买公共服务在我国尚属新生事物，整体发展的时间不长，对政府购买公共服务的社会认知程度，特别是对政府购买公共服务可能存在的风险是如何认识的却缺乏深入的调查了解。为此，本书在政府购买公共服务发展情况居全国前列的北京市城区范围内对部分居民进行了问卷调查，为以此为基础的对政府购买公共服务制度的社会认知程度和运行中可能存在的风险问题研究提供现实依据。同时，通过实地走访，了解参与政府购买公共服务各方主体对制度的认识。

一、调研方式与工具

本书的调研主要通过向调查对象发放调查问卷以及实地走访与座谈了解等方式完成。发放调查问卷的目的是了解被服务对象是否知晓和了解政府购买公共服务、机构以及社会组织对政府购买公共服务的了解和参与程度；实地走访与座谈的目的是了解实际参与政府购买公共服务的政府机构、公共组织及相关企业，在参与政府购买公共服务过程中的思想认识、制度设计、运行机制及实际效果等方面存在的实际问题。在问卷调查中，本书不但使用纸质调查问卷发放给被调查对象，而且充分利用现代网络工具（如微信问卷调查等）发放电子版调查问卷，以更加广泛地收集调查数据，确保调查数据的真实性和可靠性。

二、调研过程

在调查问卷的设计中，我们将被调查对象对政府购买公共服务的认知程度、参与程度以及实际感受程度作为调查重点，通过发放调查问卷，广泛收集数据，以增强调查结果的真实性和可靠性。

在实地走访与座谈的过程中，我们重点选择了正在参与政府购买公共服务的政府机关、街道办事处、社会组织和部分企业，通过对相关机构的领导和工作人员的访谈及问询，力求了解参与政府购买公共服务过程中的机构、组织、企业和相关工作人员的该项制度的认识以及制度运行过程中存在的问题，以期从中发现制度漏洞和各种显性和隐形风险，从而为进行深入研究奠定实践基础。

三、问卷调查结果

（一）对社区居民的问卷调查结果

本书调查的主体为北京市城区社区居民，共发放调查问卷 800 份，回收有效问卷 678 份。现将调查问卷所涉问题进行逐一汇总，得出的数据分布情况有以下几个方面。

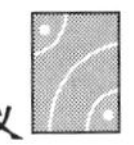

1. 调查对象的职业分布范围。

本书调查问卷的发放对象包括公务员、事业单位工作人员、企业工作人员、大学生、外来务工人员、自由职业者、私营企业主、离退休人员和其他人员，职业分布范围比较广泛，使本问卷调查取得的数据具有一定的公众代表性（如图 3 -7 所示）。

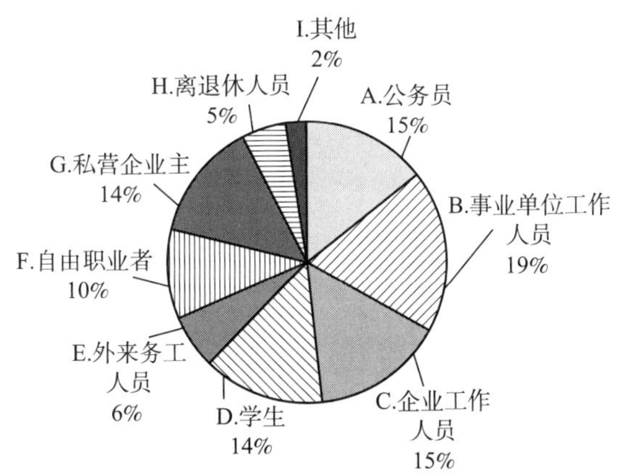

图 3 -7　受访者职业分布情况

2. 被调查对象的年龄分布。

被调查对象的年龄分布比较均衡，主要选择 18 岁以上具有独立行为能力的大学生和社区居民。其中，18 ~20 岁以下的中青年被调查对象占被调查对象总量的 72% 。本调查之所以重点选择中青年群体作为主要调查对象，是因为这部分人群是社会的中坚力量，通过重点考察其对政府购买公共服务的了解和认知情况，来判断社会主流群体对政府购买公共服务的关注程度，受访者年龄分布如图 3 -8 所示。

3. 被调查对象是否接受过政府购买的公共服务。

从调查结果的数据来看，有 94% 的被调查对象认为自己没有接受过政府购买公共服务，只有 6% 的被调查对象认为自己接受过此类服务。而认为接受过此类服务的被调查对象大部分是在调查者举例解释哪些服务是由政府购买后提供给百姓之后，才认为自己接受过某种服务。由此可见，社会公众对政府购买公共服务的认知程度非常低（如图 3 -9 所示）。

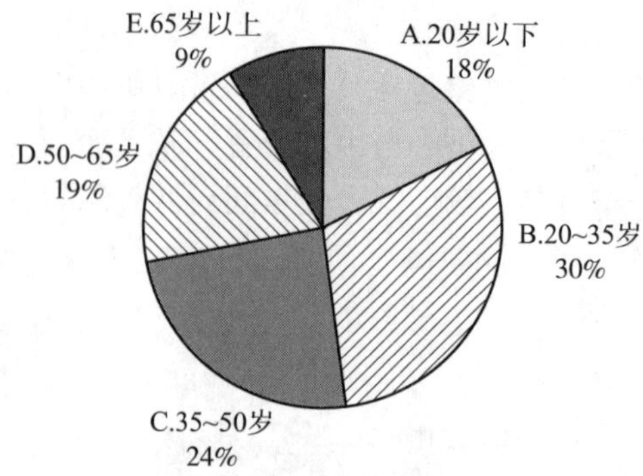

图3－8　受访者年龄分布情况

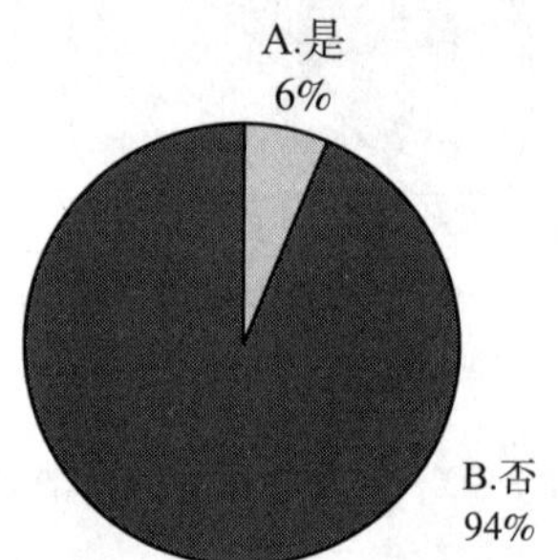

图3－9　受访者是否享受过政府购买公共服务的情况

4. 被调查对象对政府购买公共服务必要性的认知。

图3－10显示，被调查对象中有88%的被调查对象认为政府通过购买方式向公众提供公共服务有必要，只有12%的被调查对象认为没有必要，仍由政府提供公共服务即可。由此可以看出，绝大部分的社会公众对政府购买公共服务制度的推行采取的是认可的态度。

5. 被调查对象是否会主动关心和了解政府购买公共服务的有关内容。

图3－11显示，有44%的被调查对象非常关心或关心与自身利益相关的政府购买公共服务内容，有47%的被调查对象偶尔关心，只有9%的被调查对象不关心。比较清楚地反映了当前公众对政府购买公共服务内容的基本认知与基本态度。结合前面有94%的被调查对象认为自己没有接受过政府购买公共服务的情况，说明政府购买公共服务的服务内容与百姓生活的贴近程度还不够，以致相当部分的被调查对象认为此事与自己无关，所以对此不关心或偶尔关心。

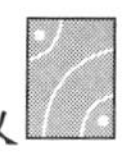

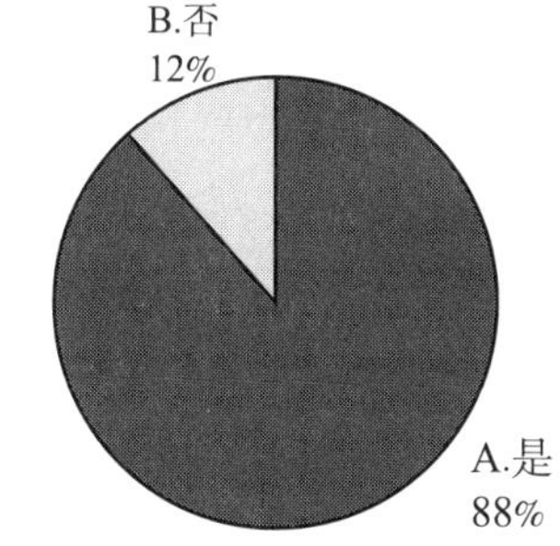

图 3－10　受访者认为政府购买公共服务是否有必要情况

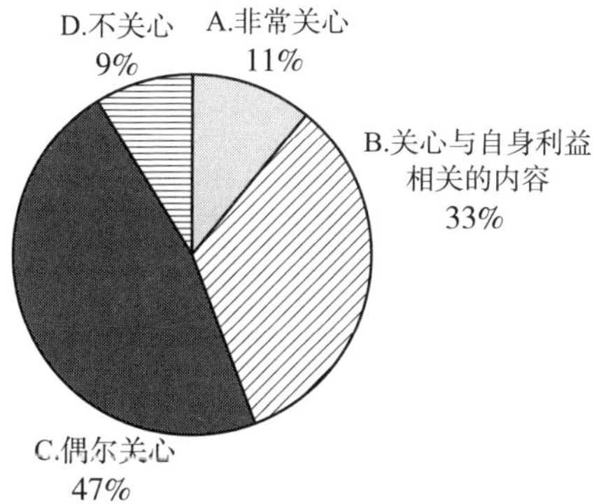

图 3－11　受访者是否会主动关心和了解政府购买公共服务的有关内容情况

6. 被调查对象通过哪些渠道了解政府购买公共服务的相关信息。

在知道或享受过政府购买服务的被调查对象中，绝大多数是通过网络、媒体、热线电话和公共场所的信息公开栏以及便民材料了解到政府购买公共服务信息的，还有 7% 的被调查对象是通过其他途径获知，具体为部分大学生是通过课堂从专业课教师那里了解得知。说明公开的媒体等信息平台对公众获取政府购买公共服务信息具有至关重要的作用。具体情况如图 3－12 所示。

7. 被调查对象对政府购买公共服务信息公开程度的认知。

图 3－13 显示，只有 2% 的被调查对象认为政府购买公共服务的信息公开程度很高，有 24% 的被调查对象认为信息公开程度较高，余下 74% 的被调查对象认为信息公开程度一般或较低。由此可见，社会公众对政府购买公共服务信息公开的满意度不高，政府需要在信息公开方面做更多的工作。

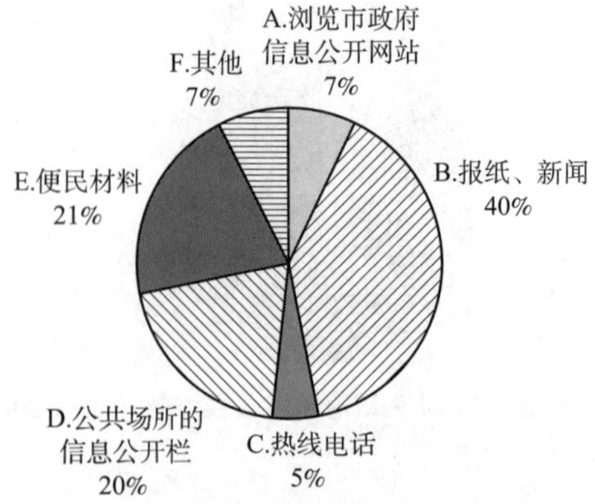

图 3－12　受访者通过哪些渠道了解政府购买公共服务的相关信息情况

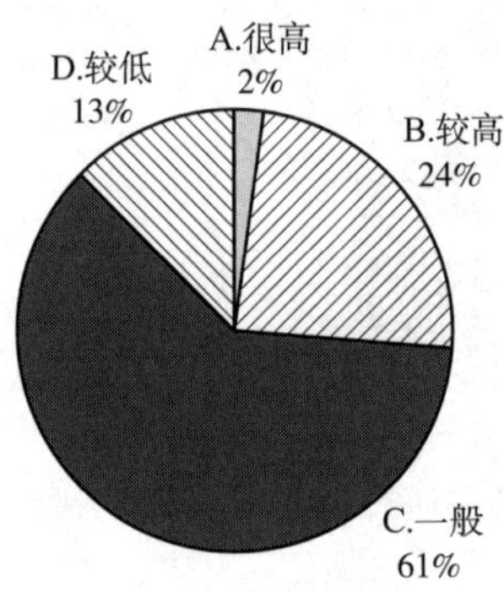

图 3－13　受访者认为政府购买公共服务的信息公开程度情况

8. 被调查对象认为政府购买公共服务在哪些方面做得比较好。

图 3－14 显示，被调查对象认为政府购买公共服务做得比较好的方面主要集中在教育、文化、体育、传媒、科学技术和医疗卫生领域，而在社会保障与就业、环境整治、垃圾处理、工商业、金融服务、交通事务和市政管理等方面还存在较大的改进空间。

9. 被调查对象对现有政府购买公共服务效果的满意程度。

图 3－15 显示，只有 13% 的被调查对象表示非常满意，有 56% 的被调查对象表示一般满意，有 22% 的被调查对象表示不满意以及有 9% 的被调查对象表示非常不满意。由此可见，政府购买公共服务的公众期许度很高，现有的政府购买公共服务的效果距离公众的期许程度还存在着较大的差距。

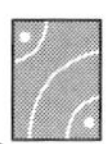

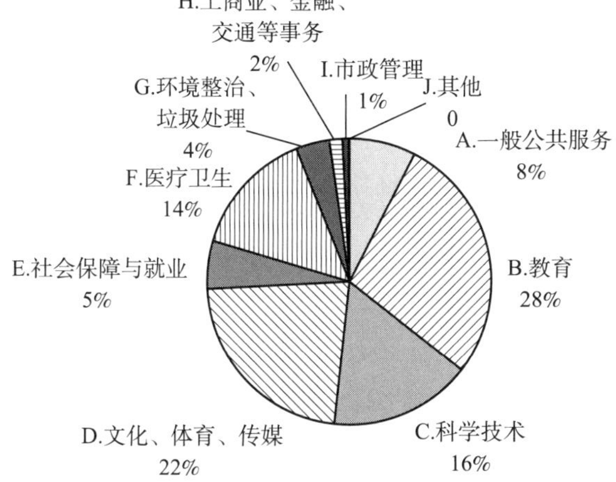

图 3－14 受访者认为政府购买公共服务做得较好的方面情况

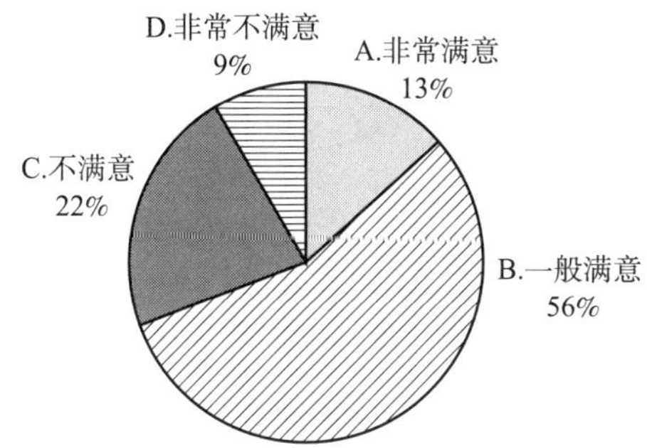

图 3－15 受访者对现有的政府购买公共服务的效果满意程度

10. 被调查对象希望政府在哪些方面增加购买服务的投入力度。

图 3－16 显示，有 85% 以上的被调查对象希望政府在一般公共服务、教育、文化、体育、传媒、社会保障与就业、医疗卫生等方面增加购买服务力度，而这些领域的公共服务与社会公众的生活息息相关。政府加大在这些领域的购买服务力度，将在更大程度上满足公众不断增长的物质、文化和生活需要，增加人民群众的幸福指数。

11. 被调查对象认为在享受政府购买公共服务后将获得哪些益处。

图 3－17 显示，有总计 96% 的被调查对象认为政府购买公共服务将使被服务者享受以下益处：（1）享受更加便利的服务（26%）；（2）政府的服务效率提高了（25%）；（3）政府与百姓的距离更近了（19%）；

(4) 政府提供的服务内容更加丰富多样了 (14%); (5) 政府提供的服务更有针对性了 (12%)。只有4%的被调查对象认为政府购买公共服务后与之前没有什么不同; 没有被调查的对象认为政府购买公共服务会使自身的境况变差。这说明绝大多数被调查对象认为政府购买公共服务将为百姓带来福利, 会改善生活和政府服务质量。

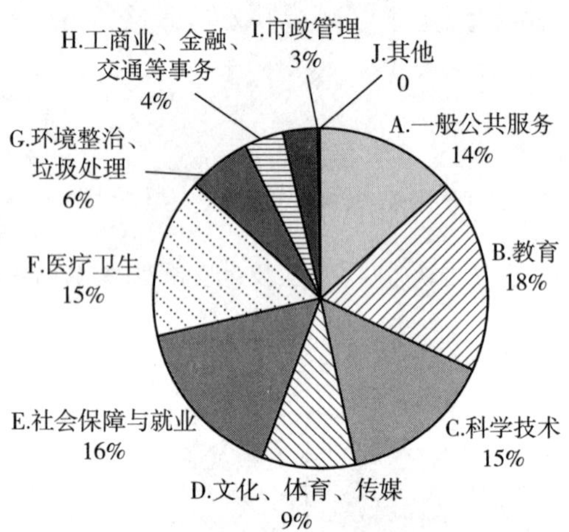

图3-16 受访者希望政府在哪些方面增加购买服务的投入力度情况

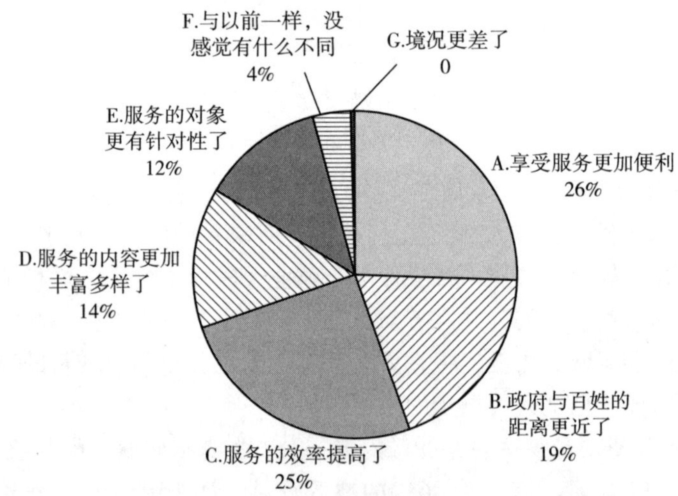

图3-17 受访者认为在享受政府购买公共服务后将获得的益处情况

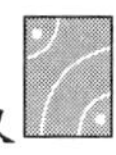

12. 被调查对象认为政府用购买服务的方式提供公共服务能否达到提高服务水平和服务质量的目的。

图 3－18 显示，有 70% 的被调查对象认为政府利用政府购买公共服务的方式提供公共服务能够达到提高服务水平和服务质量的目的，其中，有 20% 的人认为完全能够达到目的，有 50% 的人认为在一定程度上能够达到目的。还有 19% 的人持怀疑态度，认为不太可能达到目的；有 11% 的人认为完全不可能达到目的。这组数据说明，大多数被调查对象对政府利用购买方式改革公共服务供给方式具有信心，但仍有近 1/3 的公众对此持怀疑和否定态度，反映出其对此项改革信心不足或没有信心，需要政府进一步深化政府购买公共服务改革，防范制度运行中的各种风险，多为百姓做实事，通过让百姓看得到、享受得到的实际效果全面增强公众对该项制度的信心。

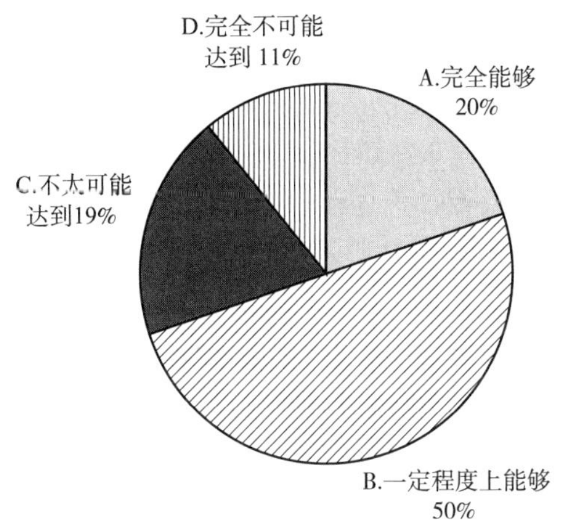

图 3－18　受访者认为政府用购买服务的方式提供公共服务能否达到提高服务水平和质量的目的

13. 被调查对象是否愿意向政府部门或服务提供者反馈对政府购买公共服务质量的意见。

图 3－19 显示，有 70% 的被调查对象非常愿意向政府有关部门和公共服务提供者反馈政府购买公共服务质量的意见，有 21% 的被调查对象比较愿意反馈意见，两部分相加共有 91% 的人愿意反馈意见，只有 9% 的人出于各种原因不愿意反馈意见，这从数量上说明公众参与政府购买公共服务

的意愿比较强烈，也表明完善政府购买公共服务制度和提高制度运行效率、防范制度运行风险，具有非常好的群众基础，是政府购买公共服务制度健康发展的社会基石。

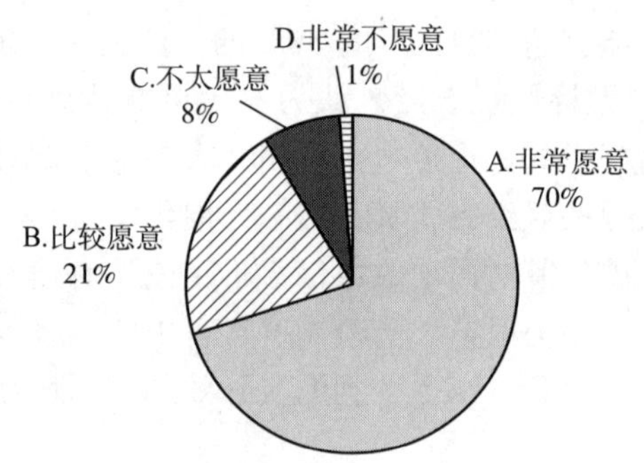

图 3－19　受访者是否愿意向政府部门或服务提供者反馈对政府购买公共服务质量的意见情况

14. 政府购买与居民相关的公共服务前是否向被调查对象征求过意见。

在对政府购买与居民生活密切相关的公共服务之前是否向被调查对象征求过意见问题进行调查时，只有19%的被调查对象回答曾经被征求过意见，而81%的被调查对象回答从未有过征求意见。这非常明显地说明，在政府购买公共服务的决策中，社会公众的参与度非常低，绝大部分的购买公共服务决策是由购买者自主决策的，并没有征集被服务对象的意见，因此，有可能出现服务提供者提供的服务与被服务对象需求之间存在衔接度低、差异大的问题，由此很有可能降低政府购买公共服务的效率、服务水平和服务质量。

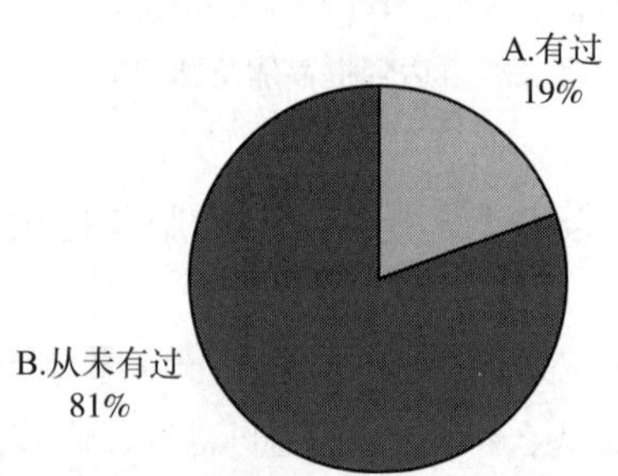

图 3－20　政府购买与居民相关公共服务前是否向受访者征求过意见情况

15. 被调查对象是否曾被邀请参与对政府购买服务的质量监督。

图 3－21 显示，在调查被调查对象是否曾被邀请参与对政府购买服务的质量监督时，有 77% 的被调查对象回答从未有过，只有 23% 的被调查对象回答曾经有过。这样的数据结果反映出当前政府购买公共服务在质量监督机制中，公众参与的程度很低。而被服务对象参与政府购买服务质量监督的程度越低，对服务质量评价的真实性和可靠性就会越打折扣，政府购买公共服务的质量风险就越大。

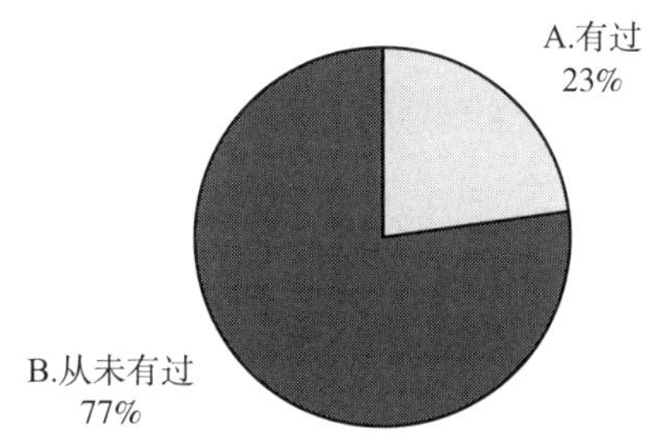

图 3－21　受访者是否曾被邀请参与对政府购买服务的质量监督情况

16. 被调查对象认为政府购买公共服务的出发点是什么。

图 3－22 显示，被调查对象认为政府购买公共服务的出发点主要是为了向公众提供更加贴近百姓需求的公共服务的占 33%；认为政府是为了提高公共服务的供给效率的占 22%；认为政府把自己做不过来的服务交给社会组织和企业来做，活跃市场的占 15%；认为政府是为了增加就业机会的

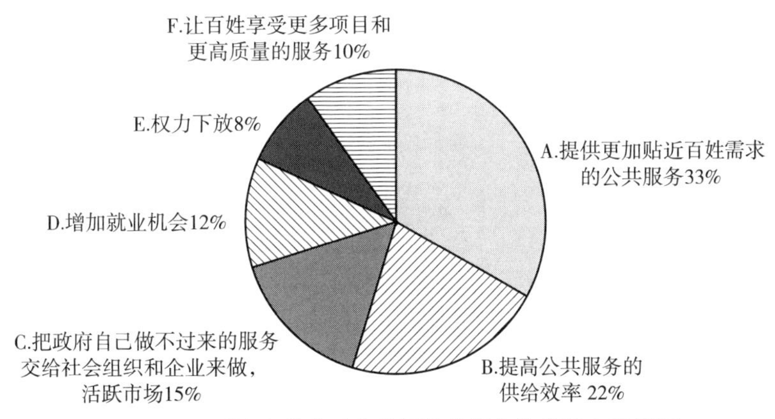

图 3－22　受访者认为政府购买公共服务的出发点的情况

占12%；认为政府是实现政府权力下放的占8%；认为政府是为了让百姓享受更多项目和更高质量的服务的占10%。从上述调查数据可以看出，公众对政府购买公共服务出发点的认知还是比较理性和客观的，也是比较积极和正面的，从另一个角度印证了政府购买公共服务制度改革具有非常好的群众基础，是保障制度运行、防范风险和加强监督的有利条件。

（二）对社会组织和企业的问卷调查结果

本调查共向社会组织和企业发放200份调查问卷，回收的有效问卷为135份，占发放问卷总量的67.5%，其调查结果具有一定代表性。汇总的调查数据情况有以下几个方面。

1. 被调查机构性质。

图3－23显示，本调查共从135家被调查对象机构收回调查问卷。从被调查的机构性质看，在本调研的调查对象中，有78家非营利组织，占全部调查机构的58%；另有57家企业单位，占全部被调查对象的42%。

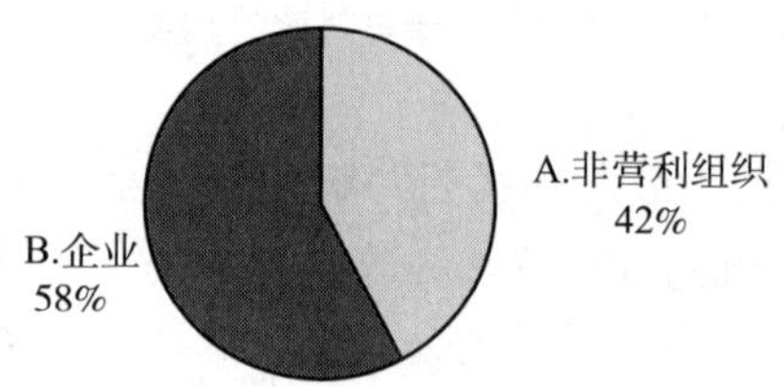

图3－23　被调查机构性质情况

2. 被调查机构的类别。

图3－24显示，从被调查机构所处的服务领域来看，有78家属于教育服务领域机构，占全部被调查机构的57.78%；有36家属于科技服务领

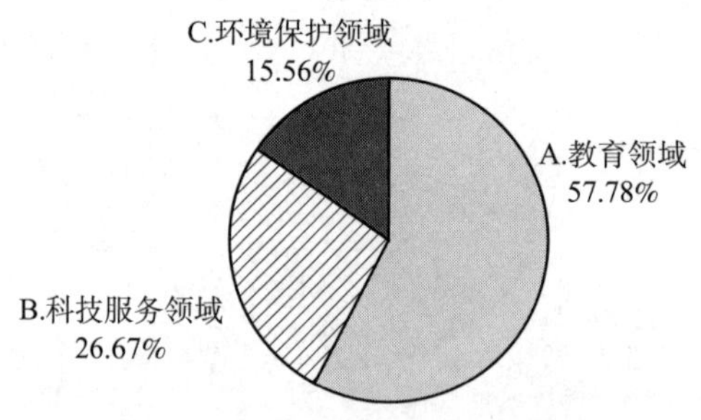

图3－24　被调查机构的类别情况

域机构，占全部被调查机构的 26.67%；还有 21 家属于环境保护服务领域，占全部被调查机构的 15.56%。可以说，全部 135 家机构所处的都是政府购买公共服务的对象范围，其对所调查问题的回答对本调查有一定的参考价值。

3. 被调查机构是否申请过与政府合作。

图 3－25 显示，从回收的问卷情况看，本次回复问卷的 135 家机构均向政府申请过合作，占全部被调查对象的 100%。说明各类被调查机构参与政府购买服务的积极性较高，并试图主动开展与政府合作。

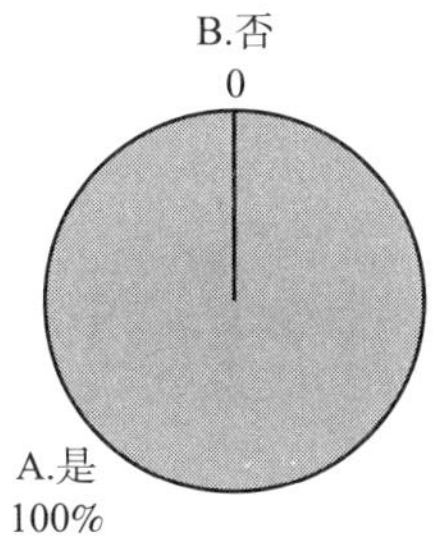

图 3－25　被调查机构是否申请过与政府合作情况

4. 被调查机构是否承接过政府购买服务项目。

图 3－26 显示，在 135 家被调查机构中，有 132 家承接过政府购买服务项目，占全部被调查对象的 98%；只有 3 家没有承接过，占比为 2%。说明承接政府购买公共服务的供应商数量比较多，范围比较广。

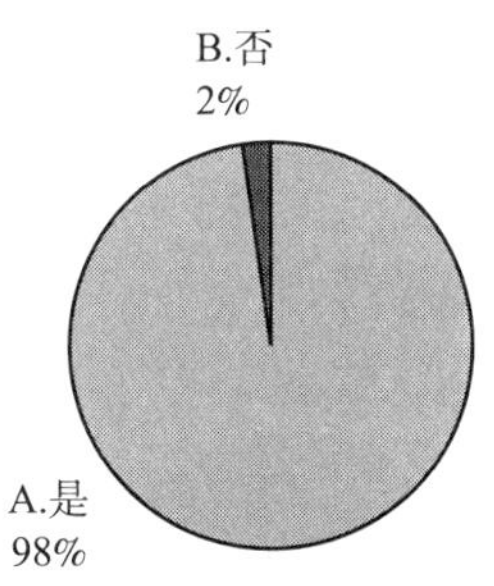

图 3－26　被调查机构是否承接过政府购买服务项目情况

5. 被调查机构寻求与政府合作的首要动机是什么。

图 3－27 显示，被调查机构寻求与政府合作的首要动机是获取政府资

源（如活动准入、政府支持）的有 117 家，占全部 135 家机构的 89%；有 8 家为获得稳定的服务收入，占比为 6%；6 家为获得社会声誉，占比为 4%；另有 1 家为扩大范围，占比为 1%。说明在公共服务资源主要由政府掌握的情况下，被调查机构努力寻求与政府合作的首要动机是获取政府资源，以为本机构争取更大利益，而获得稳定的收入也是一些被调查机构参与政府购买公共服务的非常重要的出发点，仅有少数被调查机构将获得自身的声誉作为首要出发点，但也说明被调查机构希望借助参与政府购买公共服务达成与政府的合作，来提高本机构的社会声誉，是政府购买承接主体的重要考量。

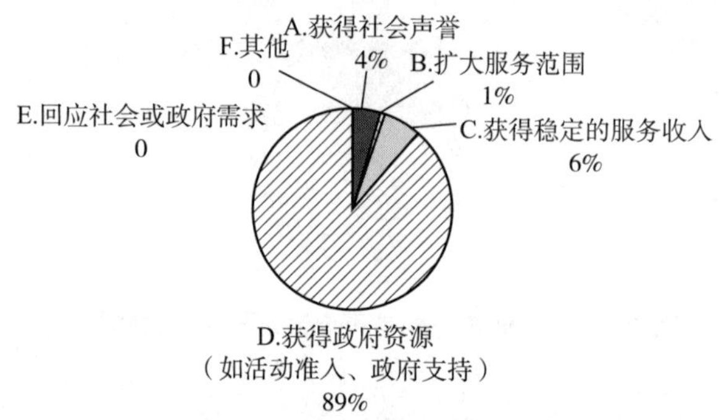

图 3－27　被调查机构寻求与政府合作的首要动机情况

6. 被调查机构是否愿意参与政府购买公共服务项目。

图 3－28 显示，在 135 家被调查机构中，有 131 家机构愿意参与，占比达到 97%；只有 4 家被调查机构表示不愿意参加，占比仅为 3%。说明政府购买公共服务的潜在承接主体数量众多，且态度积极，也说明政府购买公共服务具有良好的市场主体基础。

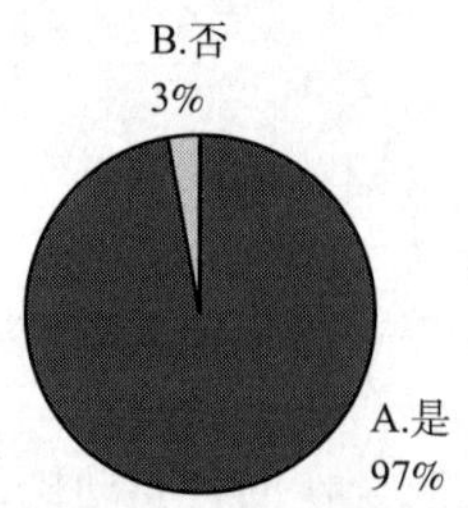

图 3－28　被调查机构是否愿意参与购买项目情况

7. 被调查机构参与政府购买公共服务的时间有多长。

图3－29的数据汇总情况看，有18家被调查机构参与时间为1年以内，占全部被调查机构的13%；有89家被调查机构参与政府购买公共服务的时间为1年~3年，占66%；还有22家被调查机构为3年~5年，占16%；没有机构参与时间超过5年。一方面说明了承接主体参与政府购买公共服务的时间总体上不长，这与该项制度全面推开时间较短相吻合；另一方面也说明了承接主体参与政府购买公共服务的经验还不足。

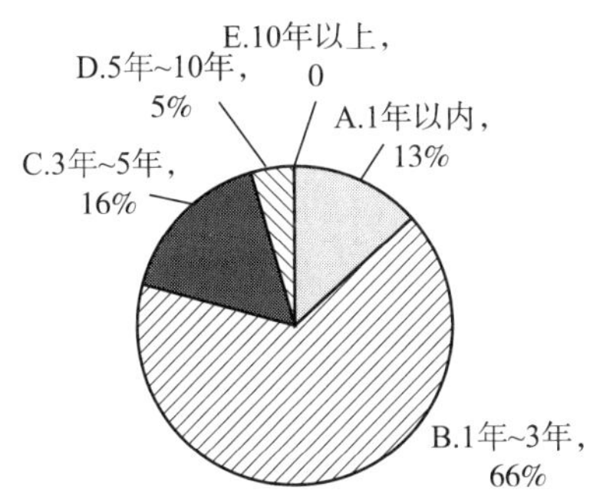

图3－29　被调查机构参与政府购买公共服务的时间情况

8. 被调查机构认为政府推行公共服务购买的公平程度。

图3－30显示，在135家被调查机构中，有24家认为政府购买公共服务很公平，仅占全部被调查机构的18%；有73家认为基本公平，占全部被调查对象的54%；有27家认为是否公平不好说，占比为20%；另有11家认为很不公平，占比为8%。说明有72%的被调查对象对政府购买公

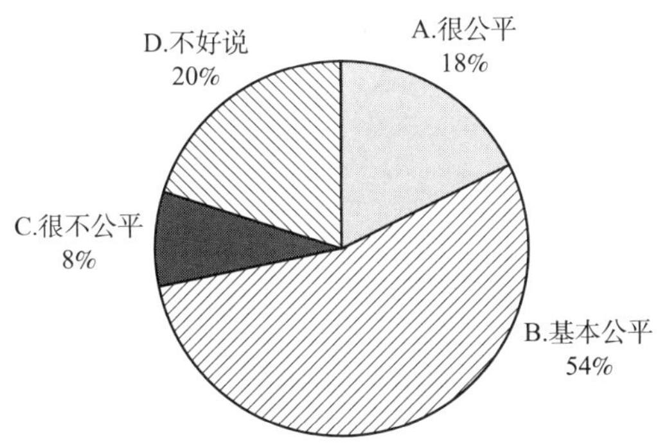

图3－30　政府推行购买公共服务的公平程度情况

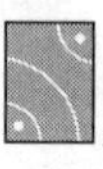

共服务的公平程度很满意或基本满意，但还有28%的被调查对象对此持怀疑或否定的态度。可见，政府购买公共服务的公平程度尚未被所有承接主体认可，而公平与否直接影响着承接主体参与政府购买公共服务的积极性，需要进一步研究如何提高公平程度，以保护和激发更多市场承接主体参与政府购买公共服务的积极性。

9. 政府购买公共服务应该由谁来评价。

从图3－31可以看出，认为目前政府购买公共服务的评价主体应当是行业协会的有67家，占全部被调查对象的53%；有25家认为应当是其他第三方中介组织，占比为20%；有17家认为应当是政府主管部门，占比为14%；有14家认为应当是委托方，占比为11%；只有3家被调查机构认为应当是被服务对象，仅占全部被调查机构的2%。这种情况一方面反映出被调查机构在由谁来评价政府购买公共服务的质量意见很不统一；另一方面也反映出众多被调查对象忽视被服务对象应当最有权利评价政府购买公共服务质量如何的这一基本常识。从另一个角度也说明被服务对象作为政府购买公共服务的最终用户，在政府购买承接主体心目中的地位很低。承接主体普遍存在“应对花钱的人负责”，以及因为提供的是专业服务，所以应当由专业机构或行业协会来评价的心态，而最该看重的用户体验结果则普遍被忽视。

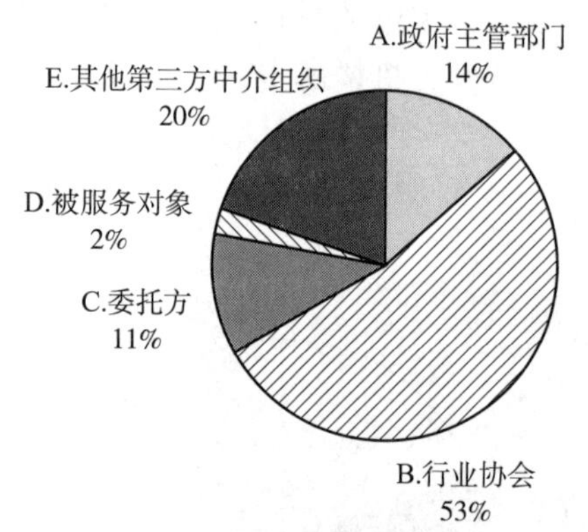

图3－31　政府购买公共服务的评价主体情况

10. 被调查的服务机构与购买方之间的关系。

图3－32显示，在被调查的机构中，有97家与购买方存在业务往来关系，占全部被调查机构的72%；有28家与购买方无从属关系，占总数

的21%；还有10家与购买方是熟人关系，占总数的7%。可以看出，目前参与政府购买公共服务的承接主体，绝大多数与购买方存在关联。说明当前政府购买公共服务制度的市场化程度很低，没有真正实现市场化的公平竞争。

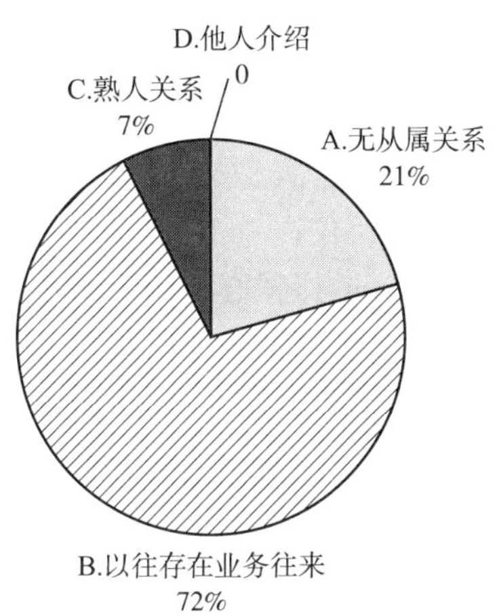

图3－32　被调查的服务机构与购买方之间的关系情况

11. 被调查机构认为政府购买公共服务是否可以节约财政资金。

图3－33显示，有60家被调查机构认为政府购买公共服务的方式可以节约财政资金，占总数的45%；有占47%的64家被调查机构认为很难说是否能够节约财政资金；另有占8%的11家被调查机构认为不能节约财政资金。作为参与过政府购买公共服务的被调查机构，通过自身的经验给出的调查数据，反映出当前政府购买公共服务的制度还不成熟，通过该制

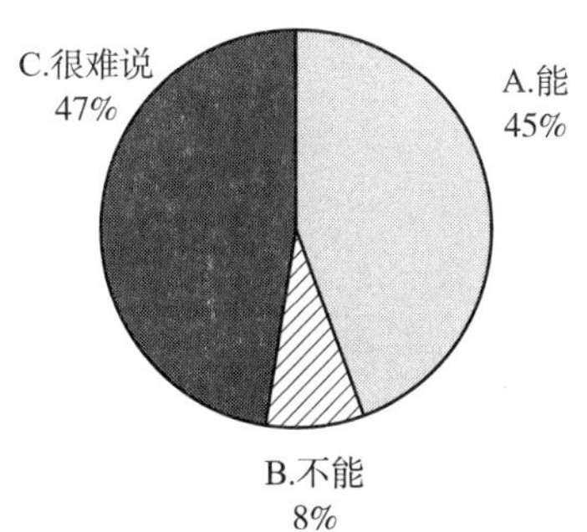

图3－33　被调查机构认为政府购买公共服务是否可以节约财政资金情况

度的大力推进来提高公共服务供给效率并节约财政资金的目标尚未有效实现。必须通过不断完善制度建设、规范制度运行和加强对购买资金的监督管理，才能有效提高政府购买公共服务制度的运行效率，避免财政资金在购买过程中和服务提供过程中的浪费和低效使用。因此，加强财政监督成为必要和亟须进行的重要事项。

12. 被调查机构是否担心在政府购买公共服务过程中发生腐败问题。

图 3 - 34 显示，在被调查机构中有 49 家表示非常担心，占总数的 36%；有 36 家表示担心，占总数的 27%；有 27 家表示说不好，占总数的 20%；只有 23 家表示不担心，仅占总数的 17%。上述数据显示，绝大多数被调查机构参与者对这一问题持担心和怀疑态度，说明政府购买公共服务领域极易发生腐败风险，必须高度重视，并时刻警惕各种腐败发生的可能性，注重道德风险的防范，用法律、制度建立有效的监督机制，将政府购买公共服务领域的权力关进法律和制度的笼子里，从根源上防止腐败的发生，使其真正成为阳光、透明、公平、公正、效率、效益和效果俱佳的现代政府治理工具。

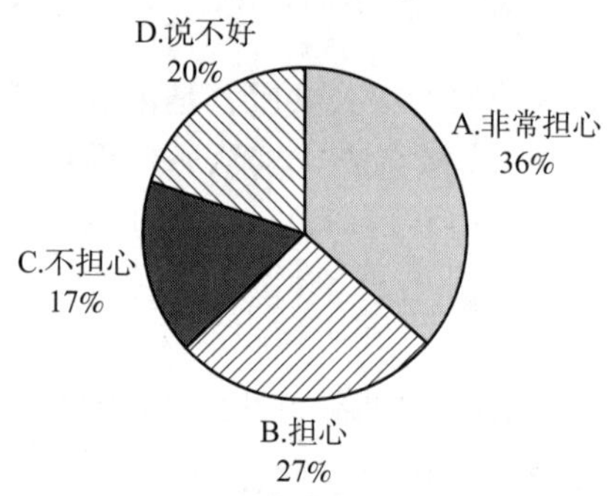

图 3 - 34　被调查机构是否担心在政府购买公共服务过程中发生腐败问题的情况

13. 被调查机构认为政府购买公共服务中存在的主要问题（多选题）。

图 3 - 35 显示，在被调查机构认为的政府购买公共服务存在的问题中，有占总数 29% 的 94 家被调查机构认为政府购买公共服务容易滋生腐败；占总数 18% 的 60 家被调查机构认为政府钱没少花，但公共服务水平并没有提高；占总数 13% 的 43 家被调查机构认为社会公众参与度太低；占总数 12% 的 39 家被调查机构认为效率低，容易造成公共资金的浪费；占总数 6% 的 21 家被调查机构认为社会组织承接能力不足，履约能力有

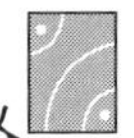

限；占总数5%的15家被调查机构认为不公开透明导致“暗箱操作”等；占总数5%的15家被调查机构认为政府购买公共服务的范围过窄，项目太少；占总数4%的13家被调查机构认为政府购买公共服务制度不健全；占总数3%的9家被调查机构认为确定服务范围和项目之前未征求服务对象的意见；占总数3%的9家被调查机构认为缺乏政府购买公共服务的绩效评价办法；占总数2%的6家被调查机构认为没有服务标准，政府购买公共服务质量难以保证；占总数1%的3家被调查机构认为政府推卸责任。可以看出，本书设计的所有问题，被调查对象都进行了选择，有些问题还比较集中。说明当前政府购买公共服务领域中的这些问题全部存在，只不过有些表现比较突出，承接主体认为比较严重或比较担心。而所有这些问题，都将成为制度运行中的风险，必须加以防范。因此，必须在政府购买公共服务制度大力推进的过程中不断完善制度建设，堵塞漏洞。通过完善制度建设和创新监督机制，构建风险防范体系，来保障政府购买公共服务制度的健康有序运行。

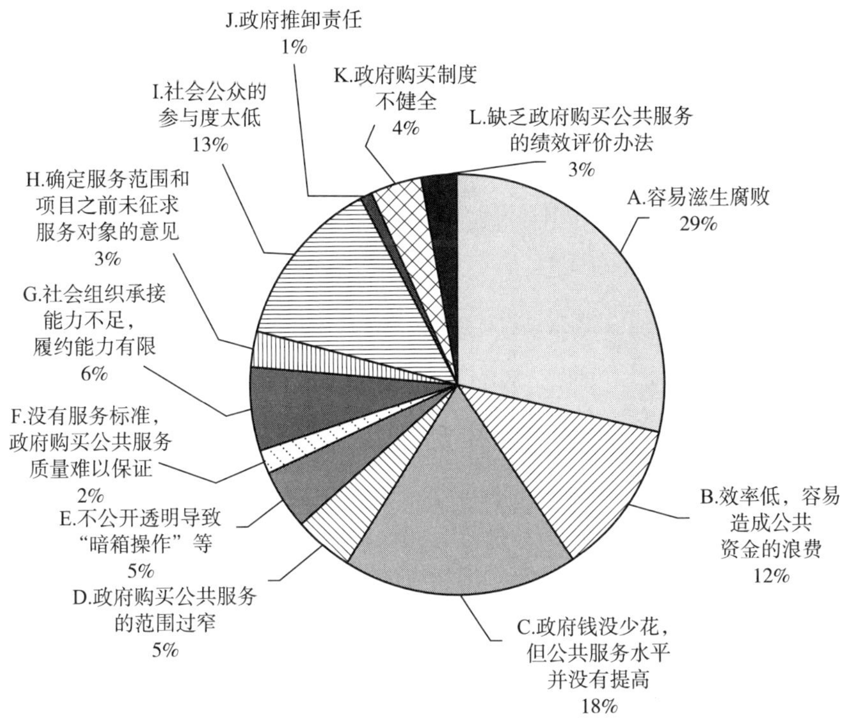

图3-35　被调查机构认为政府购买公共服务中存在的主要问题的情况

14. 被调查机构对完善政府购买公共服务的政策建议（多选题）。

图 3－36 显示，本书设计的所有完善政府购买公共服务的政策建议均被被调查对象选择。其中，占总数 49% 的 77 家调查机构选择了要强化政府责任；占总数 17% 的 27 家被调查机构选择严格预算管理；占总数 8% 的 13 家被调查机构选择追究违约责任；占总数 8% 的 13 家被调查机构选择进行绩效评价；占总数 6% 的 9 家被调查机构选择严格控制供应商资质；占总数 5% 的 8 家被调查机构选择规范购买方式；占总数 3% 的 5 家被调查机构选择完善公共服务标准；占总数 2% 的 4 家被调查机构选择提高透明度；占总数 2% 的 4 家被调查机构选择加强需求管理。以上说明被调查机构希望政府购买公共服务制度沿着规范化的道路进行，特别是要强化政府责任，严格规范政府购买公共服务的各阶段流程。

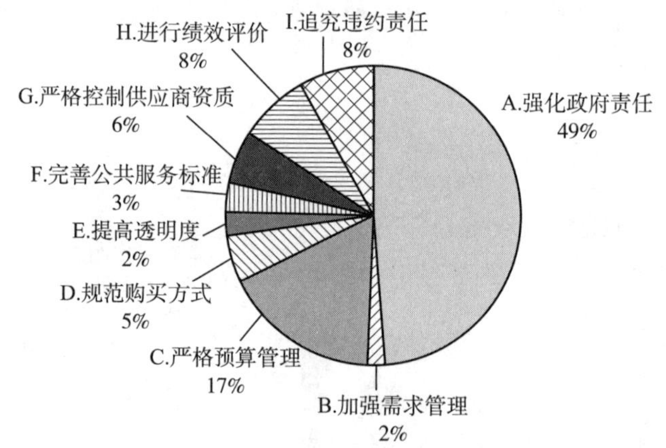

图 3－36　被调查机构对完善政府购买公共服务的建议情况

（三）社会组织对政府购买公共服务的看法

为进一步了解社会组织对参与政府购买公共服务的看法，本书在问卷中设计了相关问题，虽然并不是所有回收的问卷中都有明确的回答，但从填写选项的问卷汇总结果仍能看出相应的答案。

1. 您认为政府购买公共服务是否存在供应商“门槛”过高问题？

图 3－37 表明，有占总数 79% 的 107 家社会组织表示“门槛”不高，只有 21% 的 28 家机构表示“门槛”过高。这说明目前政府购买公共服务选择供应商的“门槛”总体上较低，其中的原因有几点：一是目前承接政府

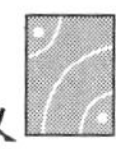

购买公共服务的承接主体主要是事业单位和有官方背景的社会组织；二是目前政府购买公共服务的市场化竞争程度较低，对承接组织的要求不高；三是社会组织的自身水平限制了政府购买公共服务在承接主体选择上难以提高水准。

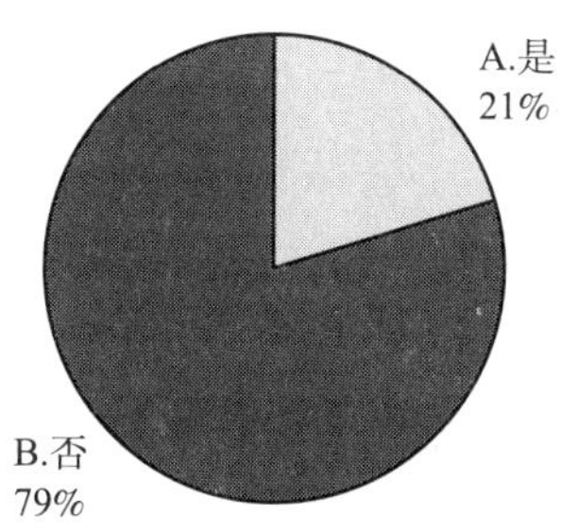

图 3－37　是否存在供应商“门槛”过高问题情况

2. 社会组织是通过何种渠道获得政府购买公共服务信息的？

图 3－38 显示，有 35% 的被调查对象是通过报纸、新闻获取信息的；有 28% 的社会组织是通过浏览市政府信息公开网站获得信息的；有 14% 的组织是通过公共场所的信息公开栏获得信息的；有 13% 的组织是通过热线电话获取信息的；有 8% 的组织是通过便民材料获得信息的；有 2% 的组织是通过其他方式获取信息的。说明社会组织获取政府购买公共服务的信息渠道基本呈现多样化的状态，但渠道信息分散，可能导致信息发布渠道权威性差，承接主体获取信息的成本高，信息获取的及时性难以保证，进而在信息的获取上难以保证公平和便利。

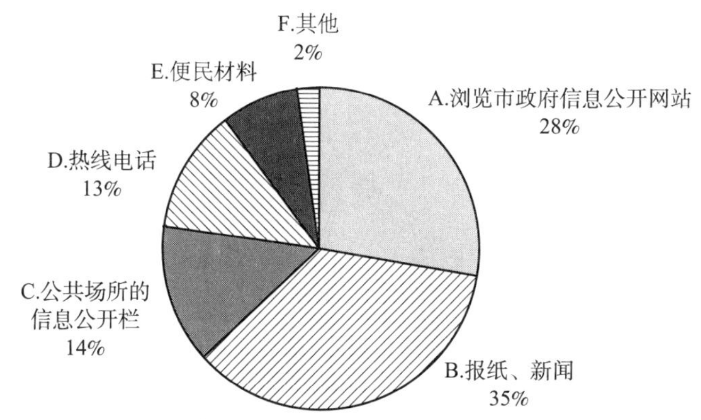

图 3－38　社会组织获得政府购买服务信息的渠道

3. 社会组织承接政府购买公共服务的方式。

图3－39显示，有39%的组织是通过招投标方式获得政府购买公共服务项目的；有25%的组织是通过服务外包形式获得项目的；有22%的组织是通过补助或奖励的方式获得项目的；有8%的组织是通过凭单制获得项目的；还有6%的组织是通过直接委托方式获得项目的。说明目前政府购买公共服务采取了多元化的购买方式，比较符合政府购买公共服务的实际需要。

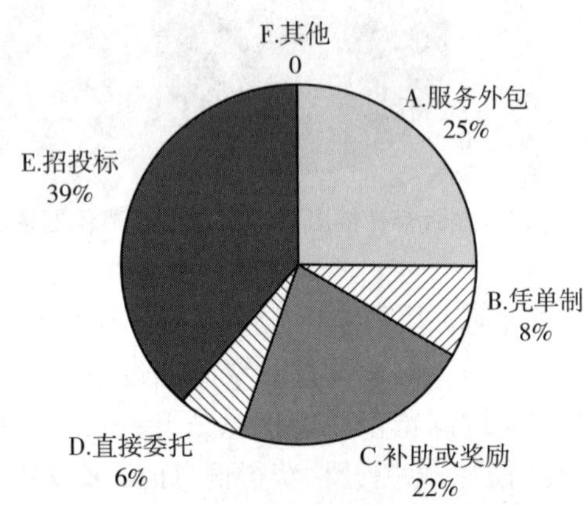

图3－39　政府购买公共服务采取的方式

4. 限制组织参与政府购买公共服务的主要因素是什么？

图3－40是多选题。从回收的问卷答案可以看出，当前限制社会组织

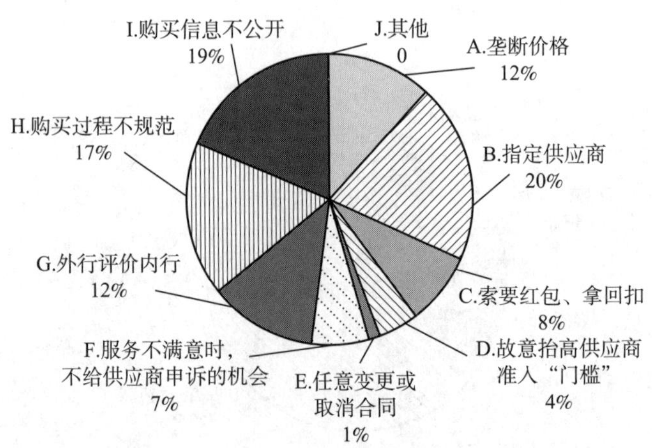

图3－40　限制组织参与购买服务的因素

参与政府购买公共服务的因素较多，没有集中于某一两个选项。而占比较高的选项依次为：指定供应商（20%）；购买信息不公开（19%）；购买过程不规范（17%）；垄断价格（12%）；外行评价内行（12%）；索要红包、拿回扣（8%）；服务不满意时，不给供应商申诉的机会（7%）；故意抬高供应商准入“门槛”（4%）；任意变更或取消合同（1%）。可以看出，社会组织对政府购买公共服务中已经存在的或可能存在问题担忧较重，而这些问题和担忧限制或阻碍了他们参与政府购买公共服务的脚步，需要通过完善相关制度并制定具体措施来保护合格的社会组织积极参与政府购买公共服务，从而不断提升服务水平和服务质量。

四、实地走访调研

为进一步了解政府购买公共服务的实际运行情况，我们走访了一些街道办事处、街道文化服务中心、文化养老服务中心、部分事业单位、中小学校等单位，与社区工作人员、社会组织负责人、医疗协会工作人员、青少年课外活动中心从事科技教育的领导和教师以及财政部门的相关人士等，就政府购买公共服务的开展情况和存在的疑问等进行了实地走访或电话访谈。

通过实地走访和电话访谈，我们发现，当前政府购买公共服务制度正在快速推进过程之中，政府购买公共服务已经在教育、科技、卫生、养老、社区服务、民政等众多领域广泛推开，对于促进政府转变职能、拓宽公共服务供给范围和提升服务水平起到了积极的促进作用，在一定程度上受到了各界的欢迎。但是，政府购买公共服务作为一项制度创新，在其实施过程中也遇到了各种现实的困难，受到了各种不同的理解和解读。在各种声音中，我们发现，其实很多人对此制度的理解是表面化的，缺乏更深层次的思考，特别是一些机构的领导者，对这一制度推行的出发点和重要意义认识不清，直接导致对制度落实不够重视，制度运行的效果不够理想。

（一）对政府购买公共服务认识模糊

在调研中，有不少受访对象提出一个共同的观点，认为政府购买公共服务只不过是把过去由政府做的事情，以购买的方式转交给社会组织去做，这样政府可以腾出手来去做其他更重要的事情，但说到底，只是一种工作方式的改变而已。由此可见，一些委托单位或承接单位虽然都是政府购买公共服务的参与者，但并没有真正认识到这项制度的推行对政府职能转变、推动社会治理现代化具有的重要意义，而仅仅是从表面上理解为这些过去由政府做的事情，现在却通过购买服务变成由事业单位或其他社会组织来做。更有人担心，这可能又给腐败开了一个新的口子。因此，一些人对这项制度的前途表示忧虑。

（二）政府购买公共服务规范化运行情况不佳

绝大多数受访对象认为，现在政府购买公共服务的制度运行尚不规范。具体表现为：政府购买公共服务信息不能公平获取；大量的政府购买公共服务是通过直接委托方式进行的，缺乏充分的市场竞争，因此，那些对政府依存度较高的传统的事业单位或官办的社会组织对最终获取订单的依赖性远超过其他组织。但当前政府购买公共服务缺乏规范化的运行模式，政府购买公共服务的信息发布、购买方式、购买流程等都缺乏明确的规定和具体的操作指南，很多服务项目表面上看是政府购买服务，但实际上只是换了一种叫法和多了一道项目申请审批的手续而已，与传统的政府通过所属部门、单位直接提供服务没有太大的本质区别，市场化竞争非常不充分，服务水平也没有明显的提高和改善。

（三）政府购买公共服务的资金管理透明度不高

在调研过程中，遇到的最大问题是难以对政府购买公共服务项目的经费管理情况进行深入了解，有些受访对象单位对一年承接政府购买公共服务的资金总规模和项目个数这样一般性的问题，都难以准确回答。而各地政府购买公共服务的资金总规模、政府购买公共服务的经费预算、执行和决算情况等财政资金管理和使用绩效等均无法从公开渠道获取。这说明政府购买公共服务资金管理的透明度很低，尚不能满足政府信息公开透明的基本要求，需要在未来的制度完善中加以深化改革。

（四）实际操作中的效果不理想

绝大多数受访单位认为，政府购买公共服务应当是一项比较好的制度创新，可以将政府从一般性的具体服务事务中解放出来，并给各种类型的社会组织提供更多的公共服务机会，对促进社会组织发展、增加就业和提高公共服务水平等具有重要作用。但是，虽然政府进行此项改革的初衷是

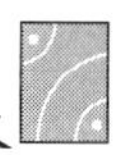

好的，可实际运行的效果却并不理想。由于各种原因导致的信息不公开、竞争不充分、项目获取的公正性存疑、各种机构只顾争项目却不认真提供服务、缺乏有效的激励机制导致承接服务的公共组织内部人员的积极性不高、对项目运行缺乏有效监管、绩效评价制度不完善等问题普遍存在，使得政府购买公共服务制度在实际操作中问题和隐患较多，如果不尽快加强制度建设和完善监督管理，该项制度的运行效果将与制度初建时所设想的理想状态偏差越来越远，最终将造成政府购买公共服务制度的低效运行，不但没有提高公共服务的水平，反而会导致公共资源的浪费，引起公众的不满。

五、调研结论

诞生于西方国家的政府购买公共服务作为一项政府治理的重要措施被引入我国，至今我国政府购买公共服务的规模和范围呈逐渐上升和扩大的趋势，并在制度的实际运行中积累了一定的经验。特别是在2013年9月国务院出台《关于政府向社会力量购买服务的指导意见》以及党的十八届三中全会《中共中央关于全面深化改革若干重大问题的决定》之后，我国明确了政府向社会力量购买服务的总体方向，并进一步提出“推广政府购买服务，凡属事务性管理服务，原则上都要引入竞争机制，通过合同、委托等方式向社会购买”，至此，政府购买公共服务作为一项制度创新开始在全国普遍推广。在这种大背景下，各级政府加快实现政府职能转变和创新社会管理的脚步，大力推进政府购买公共服务制度也就成为必然。

近年来，为实现政府职能转变、创新社会管理方式，各级政府在政府购买公共服务领域不断进行积极的探索，取得了明显的成绩。具体表现为以下几个方面。

第一，政府购买公共服务的规模不断扩大。随着政府不断加大政府购买公共服务的投入力度，已形成了比较明确的公共服务购买范围和一定的购买规模。在教育、科技、公共卫生、医疗、保险、文化、农业等各领域均有众多政府购买公共服务项目，已经实现了政府购买公共服务的多领域覆盖和快速发展态势。

第二，政府购买公共服务的制度框架业已建立。为保证政府购买公共服务的健康有序发展，政府各部门高度重视制度建设，从中央到地方各级政府陆续颁布了各种关于政府购买公共服务的政策措施。经过几年的努力，各级政府已逐步研究和构建了保障我国政府购买公共服务制度有序发展的制度框架，各级政府、各部门的政府购买公共服务活动基本上能够在现有的制度框架中进行，这表明现阶段我国政府购买公共服务制度已经开始朝着规范化的方向发展，并在制度建设上取得了不小的成就。

但是，毕竟政府购买公共服务制度在我国起步的时间较晚，目前，仍然处在制度探索和制度推进同步进行的历史阶段，因此，对于一项正在推进过程之中的新制度而言，其在实际运行中难免存在这样或那样的问题，需要在实践中逐步解决。关于政府购买公共服务制度在实际运行中存在的问题，我们将在下一节进行重点探讨。

第三节　政府购买公共服务制度运行中存在的问题

当前，我国在政府购买公共服务制度推进中虽然已经取得很大的成效，但其在实际运行中存在的问题也逐渐显露出来，直接反映了目前制度运行尚不成熟，亟须不断加强制度建设和监督管理，防范和化解各种风险的发生。因此，在前期调研的基础上，笔者总结和提炼了当前我国政府购买公共服务存在的若干问题。

一、政府购买公共服务的公众认知度较低

基于前期问卷调查可以看出，虽然我国政府购买公共服务活动已经全面推开，但其在社会公众中的认知度却比较低。目前的政策宣传一般只停留在政策文件的发布，以及学术研究、理论探讨等方面，与普通公众的生活相距较远，致使多数普通民众对此缺乏真正的了解。在未作概念解释和举例前，超过 90% 的社区居民不知道政府购买公共服务是一项什么制度，并且也不了解自己享受的哪些服务是政府花钱购买来的，即便在得到解释和举例之后，大多数居民也仍然感到很模糊或有一定的距离感。不仅如此，在对一些事业单位进行调研时，往往只有单位内部参与项目过程的人员基本了解政府购买公共服务的工作内容，知道这是政府大力推进的一项新制度，本单位也参与一些购买项目，但对政府为什么要花钱购买公共服务认识不足。可以说，多数人从总体上缺乏对此项制度的深入认识，仍然存在很多困惑。有些承接购买服务的事业单位甚至认为这种制度纯属多此

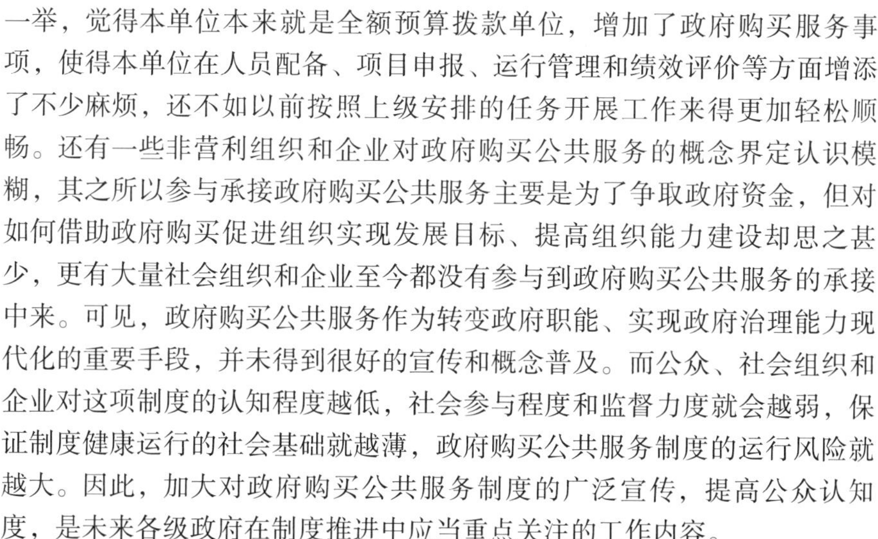
一举，觉得本单位本来就是全额预算拨款单位，增加了政府购买服务事项，使得本单位在人员配备、项目申报、运行管理和绩效评价等方面增添了不少麻烦，还不如以前按照上级安排的任务开展工作来得更加轻松顺畅。还有一些非营利组织和企业对政府购买公共服务的概念界定认识模糊，其之所以参与承接政府购买公共服务主要是为了争取政府资金，但对如何借助政府购买促进组织实现发展目标、提高组织能力建设却思之甚少，更有大量社会组织和企业至今都没有参与到政府购买公共服务的承接中来。可见，政府购买公共服务作为转变政府职能、实现政府治理能力现代化的重要手段，并未得到很好的宣传和概念普及。而公众、社会组织和企业对这项制度的认知程度越低，社会参与程度和监督力度就会越弱，保证制度健康运行的社会基础就越薄，政府购买公共服务制度的运行风险就越大。因此，加大对政府购买公共服务制度的广泛宣传，提高公众认知度，是未来各级政府在制度推进中应当重点关注的工作内容。

二、政府购买公共服务的透明度有待提高

首先，在目前的制度运行中，除了部分已经参与政府购买的社会组织和企业外，还有许多社会组织和企业并不了解如何获取政府购买公共服务的信息以及怎样才能参与其中。虽然在相关政策文件中都强调了各部门政府购买公共服务项目要向社会公开，但并未规定指定的公开渠道、公开方式及公开期限等，一些企业和社会组织获取购买信息渠道的可靠性和及时性难以保证。其次，目前，多数政府购买的公共服务项目是通过直接委托方式而非公开竞争的招投标方式完成的，更多的企业和社会组织无法参与到承接服务的竞争之中，虽然这样做表面上使得购买成本较低，购买周期较短，但是否真正符合政府购买公开、公正、公平、讲求效率和物有所值的原则，还有待商榷。最后，按照《中华人民共和国预算法》和《中华人民共和国政府采购法》的规定，各级政府的财政支出都应当坚持公开、透明的原则。政府购买公共服务作为财政支出的重要组成部分，不但要编入各级政府的部门预算，而且应当明示，以加强社会监督。但现实情况是，从现有各级政府预决算及预决算报告中，我们很难准确地查找出各级政府购买公共服务的资金总量，政府购买公共服务资金在部门预（决）算中既未单独明示，也未单独说明。由于政府购买公共服务的具体事项分散在各部门管理和运行，要想通过有关部门的公开信息了解所有部门政府购

买公共服务的年度总规模非常困难。具体到各受访单位也是如此。通常各单位只有具体负责某项或某几项购买项目的人员清楚哪些项目属于政府购买服务。各单位政府购买服务缺乏整体规划，没有年度购买规模的预算编制，很多项目是在年度中间通过申请某类专项资金完成的，所编制的也只是项目经费预算。这种情况的普遍存在，直接反映出政府购买公共服务财政资金使用的整体透明度很低，不利于财政监督和社会监督。一方面，说明政府购买公共服务整体制度的规范性还很欠缺；另一方面，也说明各方面对政府购买公共服务还缺乏深刻的认识，对现代政府治理强调的公开、透明、责任、绩效等原则落实不够，需要未来不断加强制度建设、规范制度运行。

三、纵向政府机构之间的权责划分不够明确

在现有的各级政府购买公共服务的实施意见或指导意见中，基本上规定了横向的政府部门之间的基本权责，明确了包括财政部门、发展改革部门、机构编制管理部门、民政部门、社会工作部门、工商管理部门、监察、审计部门以及作为购买主体的部门在内的工作机制，但是，在纵向的政府购买公共服务管理体制方面，除规定本级政府购买范围以外，上下级政府的纵向监督管理体制缺乏明确的规定，各级政府机构之间的权力和责任没有清晰的界定，这成为制度健康发展道路上的一个重要制约因素。例如，在调查中部分街道社区反映，除部分购买服务项目外，一些直接关系社区居民的政府购买项目，往往是由上级政府部门购买完成后，指定给基层街道或由社区接受承接组织的服务。而街道或社区对承接服务的社会组织或企业并不了解，甚至根本不知晓，街道或社区只能按照上级要求，提供配合服务的场地等条件。但由于没有明确被赋予的监督服务过程的权利，街道或社区对承接组织的服务过程和服务质量缺乏监督的主动性，致使有些购买项目的实际运行效果并不理想。街道和社区往往抱怨有的承接组织的主要工作就是努力从政府部门那里争取项目，但只要争得到项目，前期经费到手，再利用街道或社区提供的场地，把摊子支起来提供服务内容即可，至于服务的日常管理和质量控制则无人监督。由于缺乏有效的监督，一些指定服务项目在运行一段时间之后，承接组织就开始慢慢懈怠，人浮于事，甚至有的地方出现了上级政府为社区居民购买了心理咨询服务，要求街道提供场地，但服务提供不久，心理咨询室就出现了空屋上

锁，不见人来的情况，不仅白白浪费了街道和社区的场地资源，而且白白浪费了公共的财政资源，街道和社区对这种情况反映较大。因此，要想确保政府花钱购买的公共服务能够保质保量地提供给社区居民，必须增强基层街道和社区组织监督的积极性。而提高积极性的关键在于健全纵向政府购买公共服务的管理体制，分清政府和相关部门各层级的责权关系，从体制上保障政府购买公共服务的各责任主体，充分发挥积极的主观能动作用。

四、政府购买公共服务的绩效评价难以真正落实

虽然在各级政府财政部门的政策文件中一般规定了对一定规模以上的政府购买公共服务项目进行绩效评价的要求，如北京市财政局出台的《北京市级政府向社会力量购买服务预算管理暂行办法》中，就明确要求“市级预算单位应对本单位200万以上政府购买公共服务项目实行绩效评价”，但在实际运行中，大量购买项目的资金数额低于规定标准，一些部门或单位还存在故意分解项目，规避限额的现象。这种规避，一方面可以免于按规定实行集中购买；另一方面使得上述政府购买项目必须进行绩效评价的要求难以真正落实。虽然各级政府已经出台的实施办法或指导意见，也都要求对政府购买公共服务进行绩效评价，明确提出应当引入第三方进行评价以保证评价的客观性，但在实际实施时，这一要求的落实也遇到了麻烦，绩效评价的科学性也遭到了一些承接组织和企业的质疑。在调研中，一些承接组织提出，政府委托的第三方评价机构往往不懂本领域的专业技术和专业要求，只能用一般的评价标准进行主观评价，缺乏科学性和准确性。即便是请来参与评价的所谓专家，也经常发表脱离实际的意见，引发承接组织或企业的不满，认为评价有时候是“外行评价内行”，甚至有些承接组织根本不接受评价结果，在绩效评价会上与专家发生意见冲突，并因此退出政府购买服务。此外，造成绩效评价难以真正落实的另一个客观因素是随着政府购买项目的逐年增多，大量购买服务项目的分布领域越来越广，众多购买服务项目的资金数额不大，但绩效评价的工作量却不小，这些都给绩效评价的专业性和工作的繁重性提出了不小的挑战。

五、缺乏有效的监督机制

首先，政府购买公共服务需要购买方、承接方和需求方三方的参与，

由此产生的双重委托代理关系，带来了责任划分、资金监管、行政管理等监管难度。加之政府购买公共服务工作自身发展的不完善，政府职能不清晰，管理权限不明确，导致监管的体系和机制不健全，业务流程不规范。有些部门甚至将公共服务的购买作为一种推卸责任、丢掉包袱的方法疏于管理和监督。另外，由于任何社会组织都存在追逐私利的可能，社会组织的私利和公共利益在某种程度上的冲突便会导致由社会组织提供的公共服务产生质量问题。从近几年我国政府购买公共服务的政策文件来看，政府将公共服务发展的重点放在了政府积极推动制度发展和提升社会组织的承接能力上，而对最终服务效果的评估与反馈没有完全重视起来，甚至缺乏明确的服务标准，难以进行有效性判定，既忽视了对承接主体提供服务质量和对资金使用效率的监督，也忽视了公众对公共服务需要的诉求和意见的反馈。其次，政府购买公共服务的预算资金管理效率不高，缺乏有效的监督手段。财政部门按预算和计划指定的用途向预算单位拨款后即作为相应的支出处理，一般不再对政府购买公共服务预算资金的使用进行全过程监督，非常容易造成预算支出的账面用途与实际用途不一致的现象发生。另外，在实际的政府购买公共服务项目执行过程中，由于支出科目繁多和临时性不可预测支出项目的增设，也会使得前期的预算控制难以准确地把握和约束。再其次，“重分配、轻管理”现象普遍。一是购买服务的预算编制缺乏专业性和科学性，支出随意性大。一些采购单位的预算编制粗糙，合同管理不严格，套取政府购买资金的现象时有发生，最终导致政府购买公共服务的资金使用不当，未达到预期的效果。二是承接主体完成服务购买与提供后，对其资金的执行情况审核粗略，缺乏全程监督检查，责任落实的制度安排和实施机制不健全。最后，缺乏科学的定价机制，导致成本控制不力。一方面，政府作为价格制定者，政府购买公共服务都是由政府部门单方面决定项目和价格，承购方与需求方缺乏畅通的参与渠道，定价过程不够公开与透明；另一方面，政府部门对购买项目的成本信息的了解远不如作为承接主体的专业性组织透彻，因此，在和承接主体进行讨价还价上，政府部门就处于劣势地位，专业组织的合谋很容易造成报价的过高，从而导致公共财政资源的浪费。从长远看，这种价格机制的扭曲也不利于政府购买公共服务市场的发展。

六、社会力量承接公共服务力量薄弱

目前，我国社会组织保持逐年增长的态势，但高依附政府现象依然存

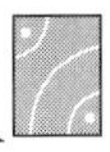

在，缺乏独立运作，效率较低，甚至一些组织不能保证其公共性和公益性等，在公开招标中获得项目的机构仍以非独立机构为主，购买行为的"内部化"特征十分明显，市场竞争不充分。同时，社会组织自身发展不完善，缺乏相关的专业人员和成熟的运作机制，承接政府购买公共服务的能力和可持续发展的实力依然薄弱。

第四节　加强政府购买公共服务财政监督的意义

从以上政府购买公共服务制度的基本情况、制度框架以及存在的问题的分析可以看出，政府购买公共服务制度在快速发展的过程中虽然取得了很大的成绩，但在实际运行中还存在很多问题，需要在未来的发展中加以解决。财政部门作为政府购买公共服务的出资人和主管部门，对政府购买公共服务制度建设、发展和运行情况负有重大的责任，特别是在制度框架已经建立并且在全国广泛实施的过程中，财政部门应当承担的监督责任就更加凸显出来。因此，加强我国政府购买公共服务的财政监督具有重要的意义。

一、政府购买公共服务财政监督的责任分析

作为政府购买公共服务的出资人和监管者，财政部门监督的责任可以从以下几个方面分析。

（一）法律责任

我国政府采购法将政府购买服务纳入该法的法律约束范围，同时明确财政部门是政府采购的监督管理部门，这就意味着政府购买公共服务的监督管理部门是财政部门。《中华人民共和国政府采购法》（2014 年修订）（以下简称《政府采购法》）第十三条规定："各级人民政府财政部门是负责政府采购监督管理的部门，依法履行对政府采购活动的监督管理职责。"第五十九条规定："政府采购监督管理部门应当加强对政府采购活动及集中采购机构的监督检查。监督检查的主要内容是：（一）有关政府采购的法律、行政法规和规章的执行情况；（二）采购范围、采购方式和采购程序的执行情况；（三）政府采购人员的职业素质和专业技能。"第六十五

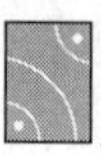

条规定："政府采购监督管理部门应当对政府采购项目的采购活动进行检查，政府采购当事人应当如实反映情况，提供有关材料。"第六十六条规定："政府采购监督管理部门应当对集中采购机构的采购价格、节约资金效果、服务质量、信誉状况、有无违法行为等事项进行考核，并定期如实公布考核结果。"对政府采购监督管理机构监管不力的情况，《政府采购法》也做出了追究法律责任的规定。《政府采购法》第八十条规定："政府采购监督管理部门的工作人员在实施监督检查中违反本法规定滥用职权，玩忽职守，徇私舞弊的，依法给予行政处分；构成犯罪的，依法追究刑事责任。"第八十一条规定："政府采购监督管理部门对供应商的投诉逾期未作处理的，给予直接负责的主管人员和其他直接责任人员行政处分。"第八十二条规定："政府采购监督管理部门对集中采购机构业绩的考核，有虚假陈述，隐瞒真实情况的，或者不作定期考核和公布考核结果的，应当及时纠正，由其上级机关或者监察机关对其负责人进行通报，并对直接负责的人员依法给予行政处分。"

由以上法律条款可以看出，《政府采购法》对财政部门履行监管职责作出了明确的法律规定，意味着财政部门在政府购买公共服务中承担着不可推卸的监督管理的法律责任。因此，加强财政对政府购买公共服务的监督管理，具有充分的法律依据。

（二）社会责任

所谓社会责任，实际上是政府财政部门对社会公众期望的一种回应，也是作为政府职能部门体现国家责任的一种必需。因此，无论从理论上还是法律上，财政部门作为管理政府购买公共服务的职能部门，本身承担着无可推卸的社会责任，而这些社会责任要通过一系列的财政行为反映出来。本书认为，财政部门在政府购买公共服务方面的社会责任，首先，表现在财政部门作为受托人接受国家委托将一部分准公共服务通过市场化手段提供给社会公众，这本身就是国家责任的一种表现，是政府向社会公众提供公共服务的重要组成部分。在这个过程中，财政部门要制定一系列的制度和规则，对政府购买公共服务行为进行规范和约束，以便利用制度化手段促进政府购买公共服务质量和效益的提高。其次，在制度框架建立起来之后，财政部门还有一个重要的履行社会职责的工作内容，就是监督政府购买公共服务制度运行中的各方利益主体是否真正按照制度和规则进行购买活动，有无行为偏差或偏离。财政部门要依法依规监督政府购买公共服务全过程的运转情况以及对制度进行查缺补漏。只有这样，才能保证政府购买公共服务制度的顺利运行和社会公众对合格公共服务的需求。

可以说，财政部门是政府购买公共服务的社会责任的重要承担者，也是政府履行公共服务提供的重要执行者，如果不重视财政部门的社会责任，而忽视财政对政府购买公共服务的监督，将严重影响财政在公共服务领域中社会责任的履行。

（三）管理责任

根据我国政府采购的法律法规，政府财政部门作为政府购买公共服务的主管部门，依法承担对政府购买公共服务的管理责任。据此，财政部门应当根据政府购买公共服务的目的、对象、范围等制定规范化的制度和操作措施，并在执行过程中进行管理和监督。事实上，政府购买公共服务作为促进服务型政府建设的一项政策工具，其在我国的实施时间还不算长，至今仍然处于成长阶段，且还处于制度的初创时期，尚未积累相应的成熟经验，因此在实践中，仍然会出现各种问题，需要不断研究加以解决。此时，财政部门肩负的监督管理责任就显得越发重要。一方面，相关法律规定财政部门是政府购买公共服务的主管部门，承担着责无旁贷的监督管理责任，必须要对政府购买公共服务的制度建设、流程规范和运行效果负责；另一方面，作为社会公众所需公共服务的提供者，虽然提供方式有所变化，但提供公共服务的效率和质量不但不能降低，而且还要随着提供方式的转变有所提高，由此才能体现出政府购买公共服务的理念和价值。因此，财政部门的监管职责不仅不能减轻，而且要更加强化，以保证政府购买公共服务制度的健康有序发展。

（四）经济责任

通过理论分析我们知道，政府购买公共服务体现着社会公众与政府之间、政府部门与供应商之间的层层委托代理关系。财政部门作为接受政府委托管理政府购买公共服务的职能部门，本身是购买公共服务资金的提供者。对购买什么、向谁买、买得值等问题必须高度关注和明确要求。也就是说，财政部门在政府购买公共服务方面承担着重要的经济责任，要对花出去的购买资金负责，即要承担经济责任。

所谓经济责任，就是强调和保证政府购买公共服务的资金在使用上要节约高效、物有所值、防范风险，实现所出与所得成正比关系，不能出现购买资金的损失和浪费，要对公共资金在政府购买公共服务方面的支出承担绩效责任。因此，财政部门必须加强对政府购买的财政监督，从资金管理的角度对各采购单位的购买活动进行规范，防止各种寻租等风险，保证财政资金在政府购买公共服务领域中的安全、节约、高效和物有所值地使用。

二、政府购买公共服务的财政监督现状

为保证政府购买公共服务制度的顺利开展，我国各级政府及各相关部门根据国家政策和制度要求，相应搭建了政府购买公共服务的制度框架，为各级财政监督工作奠定了相应的制度基础。

（一）各级政府及财政部门对政府购买服务的高度重视

2013 年，国务院办公厅颁布《关于政府向社会力量购买服务的指导意见》之后，我国各级政府高度重视，迅速组织力量研究政府向社会力量购买公共服务的具体实施办法，财政部门也抓紧研究相关制度的建设等一系列问题，并迅速出台，从全局和整体的角度指导了我国政府购买公共服务的开展和发展方向。各地区、各部门也积极响应，使政府购买公共服务在全国范围内普遍开展起来，购买服务的范围不断扩大，种类日渐丰富，参与承接政府购买公共服务的社会组织和企业越来越多，社会公众享受的公共服务质量也得到了相应的提高。

（二）政府购买服务的财政监督管理专门机构业已明确

为了落实政府在政府购买公共服务领域的政策意图，依法履行财政部门是政府购买公共服务的监管部门的职责，根据财政部机构设置的情况和要求，财政部将管理和监督政府购买公共服务的工作职责明确划归综合司，相应的，各省市财政厅局，将该项工作职责划归综合处或综合科。据此，我国财政系统内部对政府购买公共服务进行领导和监督管理的专司机构正式确立。在此基础上，民政部、人社部等其他政府购买公共服务等行业主管部门，也相应地根据财政部门的要求，在机构内部对政府购买公共服务工作进行了职责分工。可以说，我国目前政府购买公共服务管理方面的机构设置已经基本明确，特别是财政部门内部机构设置和职责划分比较清楚。

（三）已经初步奠定了政府购买财政监督的制度基础

为保证政府购买公共服务的健康有序发展，我国各级政府、各部门高度重视制度建设，已逐步研究和制定了保障各地区、各部门政府购买公共服务制度有序发展的各项政策和措施。除各级人民政府发布的向社会力量购买服务的指导意见（或实施意见）外，各级财政、民政、工商等相关部门，陆续出台了相关的制度和办法。同时，政府购买公共服务的有关部门每年都会发布政府购买服务项目指南，为各部门、单位和社会组织的申报购买项目提供范围和依据。在各级政府向社会力量购买服务实施办法或指导意见中，明确了本地区政府购买公共服务的指导思想、基本原则、购买内容、购买主体与承接主体、购买方式、购买程序与管理要求、工作机制与部门职责分工等。可以看出，在积极推动政府购买服务的制度建设方面，各级、各地政府都在进行积极的探索和有益的尝试。这些探索和尝试对我国政府购买公共服务制度的发展起到了重要的制度保障和规制作用，取得了比较好的效果。但是，毕竟政府购买公共服务制度在我国起步时间较晚，目前，仍然处在制度探索和制度推进同步进行的历史阶段，因此，对于一项正在推进过程之中的新制度而言，其在实际运行中难免存在这样或那样的问题，需要在实践中逐步解决。

（四）政府购买公共服务的预算管理制度已经建立

为进一步转变政府职能，创新公共服务供给模式，加强政府购买服务项目的预算管理，提高财政资金的使用效益，根据《中华人民共和国预算法》《中华人民共和国政府采购法》《国务院办公厅关于政府向社会力量购买服务的指导意见》《财政部关于政府购买服务有关预算管理工作的通知》等法律和文件，一些地方已经出台了专门的政府向社会力量购买服务预算管理的暂行办法。例如，北京市根据上述全国性的法律和政策文件，以及《北京市人民政府办公厅关于政府向社会力量购买服务的实施意见》《北京市市级项目支出预算管理办法》《北京市市级政府向社会力量购买服务预算管理（暂行办法）》（以下简称《暂行办法》）等制度文件，对政府向社会力量购买服务提出了明确的预算管理要求，要求市级行政机关，参照公务员法管理、具有行政管理职能的事业单位，以及纳入行政编制管理、经费由财政负担的群团组织向社会力量购买服务都要遵照执行，其他机关事业单位使用财政性资金购买服务的参照执行。在北京市的《暂行办法》中，明确要求政府购买服务内容实行指导性目录管理。可以看出，财政部和各地相继出台的政府购买服务预算管理规定，使我国政府购买公共服务的预算管理制度正式建立起来了。

三、政府购买公共服务财政监督的主要问题

虽然我国在政府购买公共服务方面已经进行了初步的制度化建设，也取得了相应的成效，但在财政监督方面还是存在一定的不足和问题，需要在今后加以改进和完善。

（一）政府购买公共服务的制度建设有待进一步完善

目前，根据中央政府和财政部的要求，各级政府部门已经纷纷开始制定政府购买公共服务的基本制度和指导性目录，但从总体上看是框架性的，虽然有一定的操作指导性，但仍然是原则性大于可操作性。本书认为，之所以存在这样的问题，一方面是国家层面的法律法规对政府购买公共服务的规定本身就是原则性大于操作性；另一方面也体现了政府权力下放避免过于集中的政策精神。但是，这种原则性大于可操作性的制度规定，对具体执行者来讲，存在较大的操作自由裁量权，容易引发一些风险，同时也会造成财政监督依据不足、监督不力的情况。因此，进一步完善制度建设是加强政府购买公共服务的财政监督的重要前提。

（二）尚未建立全面统一、严格规范的公共服务购买流程

从全国范围看，政府购买公共服务制度虽然已经全面展开，涉及众多领域以及社会组织和企业，但在购买公共服务的流程规范方面还存在不足。现有制度的原则性规定并未对政府购买公共服务的操作流程作出明确的规范，包括需求管理、购买过程管理、合同履约管理、服务质量管理和购买支出的绩效评价等，都缺乏可操作性依据，购买公共服务过程中的随意性较大，容易形成资金使用风险、合同履约风险以及服务质量风险等，需要在未来进一步加强全流程的监督管理，将政府转型过程中的权力下放与规范购买流程和实现风险管理紧密结合起来，从而使政府购买公共服务制度在规范化流程中良性发展。

（三）政府购买公共服务的财政监督链条尚未形成

目前，虽然我国各级财政部门已经出台了相关的管理制度和规则，包

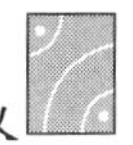

括预算管理办法和指导性目录等，但从财政监督的角度讲，政府购买公共服务的财政监督链条尚未形成。在政府购买公共服务各个业务流程环节中并没有有效的财政手段或工具嵌入其中，财政监督更多的体现在前端的预算编制监督和末端的由第三方参与的财政支出绩效评价，而中间过程却缺乏有效的监督工具和手段。“重购买、轻服务”的情况在各个层面表现得比较普遍，使政府购买公共服务的效果打了折扣。而这一现象的普遍存在，在很大程度上与在全过程中财政监督链条断裂有关。因此，构建一个能够嵌入政府购买公共服务全过程的财政监督链条十分必要。

（四）缺乏对政府购买公共服务存在风险的重视

由于在政府购买公共服务制度落实和执行过程中，很多管理者和购买主体只注重购买资金的分配，而忽视了购买过程的管理和服务质量的管理，极易造成政府购买公共服务诸多环节本就存在的类型不一的风险显性化，会直接影响最终购买公共服务的质量以及购买资金使用的效率、效益和效果。忽视风险的存在，一方面反映出各方对政府购买公共服务存在的风险认知缺乏或认识不足；另一方面也说明风险管理意识普及不够以及风险防范措施的缺乏。还有一种可能，就是相关主体疏于对风险进行分析和防范，认为是一个费时费力的工作。在这样的情况下，不重视风险管理就会成为一种常态和普遍的心理，这对政府购买公共服务制度的健康发展极为不利。

（五）政府购买公共服务财政资金的使用效率和服务质量有待提高

从近些年看，各级财政在政府购买公共服务方面的财政支出总量越来越大，服务涉及的领域越来越广，受益对象也越来越多，但是财政资金整体的使用效率还有待提高。特别是在购买公共服务的前期，即需求形成阶段应当加强监督和管理，使需求决策更加合理有效，做到需求目标更清晰，更加贴近社会公众诉求，资金预算更准确，执行过程更规范，购买结果物有所值。事实上，一些购买主体在确定公共服务的购买需求时，主观性很强，缺乏实际的调查研究。很多项目的需求来源主要来自承接主体提出的申请，而一些承接主体则将自己的主要收入来源与政府购买公共服务项目紧紧挂起钩来，想方设法地编制项目，争取政府购买服务经费，但对项目执行的过程和结果却缺乏负责任的态度，导致实际服务质量达不到预期目标，造成财政资金的浪费。因此，加强监督、努力防范风险是提高财政资金使用效率和服务质量的重要保障。

四、构建“模块化嵌入式”财政监督机制的重要意义

鉴于我国政府购买公共服务财政监督应承担的责任和现存的问题，为防范风险而构建基于风险管理的模块化嵌入式财政监督机制以加强财政监管力度具有十分重要的意义。

（一）有利于体现财政作为政府购买公共服务出资人应当承担的公共责任

加强政府购买公共服务的财政监督工作，充分体现了财政部门作为政府购买公共服务出资人应当承担的公共责任，是认真履行法律赋予财政部门作为政府购买公共服务监管者职责的重要表现。财政部门加强政府购买公共服务监督，既是对纳税人缴纳的财政资金负责，也是对公共责任委托人——社会公众负责，更是现代政府治理过程中正确处理政府与市场、政府与社会关系的重要方式和手段。通过使用财政资金向社会力量购买公共服务来造福社会大众，一方面充分借助了市场主体的力量向公众提供公共服务，在公共服务提供领域激活市场和各种社会力量的参与热情；另一方面通过加强财政监督来促进公共的购买资金在使用上更加节约高效，实现物有所值。因此，将财政监督嵌入政府购买公共服务流程的各个模块之中，就是将财政应承担的公共受托责任内化于政府购买公共服务的全过程之中，是负责任政府的重要体现。

（二）有利于有效防范政府购买公共服务存在的各种风险

正如前文所述，在委托代理关系下，由于政府购买公共服务的委托人和受托人之间存在的信息不对称问题，极易导致该领域中各种显性和隐性风险的发生。如果此时没有比较强有力的监督手段加以约束，发生风险就成为必然，最终将导致政府购买公共服务的购买过程以及购买结果可能与制度建设的初衷发生严重背离。而通过加强对政府购买公共服务的财政监督，将财政监督的手段和工具事先嵌入政府购买公共服务的各阶段流程中，充分发挥其在全流程的各模块中所起的防范风险作用，就能够有效地保障政府购买公共服务流程的规范和结果的可靠。也就是说，当政府购买公共服务全部流程模块的各类风险都处于财政监督的视野之下时，控制风险和消灭风险就成为可能和必然。

（三）有利于实现政府购买公共服务的公共价值目标

本章认为，政府购买公共服务的公共价值目标包括注重效率、公平公正和物有所值。所谓注重效率，是强调在政府购买公共服务活动中，必须重视购买效率和资金使用效率。即公共服务购买的流程要规范合理，购买资金的使用要节约高效。所谓公平公正，是要求对各种参与政府购买公共服务提供的社会力量，只要是合法合规的，都应当一视同仁，公平公正地对待，不能有歧视。所谓物有所值，是强调政府利用财政资金购买的各类各种公共服务必须保质保量，不打折扣。但是，根据“经济人”假设理论，各种参与政府购买公共服务的社会力量作为市场主体，主观上都要寻求和追逐自身利益。在缺乏监督或监督不力的情况下，强烈的逐利动机往往会促使其将一己私利置于公共利益之上，甚至在一定程度上损害或侵害公共利益。因此，用嵌入政府购买公共服务各个流程环节之中的财政监督工具和手段，监督和约束各方利益主体的利己损公的动机和行为，将会有效保证政府购买公共服务公共价值目标的实现。

（四）有利于提高政府购买公共服务的绩效

在政府治理的过程中，提高公共财政支出绩效是一个重大课题。其中，既包含了经济含义，又包含了政府转型、尊重纳税人、服务纳税人的重要理念。众所周知，财政资金来源于纳税人的缴纳，是纳税人辛辛苦苦工作和劳作的成果。当这些成果通过税金的方式转变为政府的财政资金时，政府如何使用财政资金，特别是使用的效率、效益和效果，一方面体现了国家职能的需要；另一方面也体现了政府对纳税人劳动成果的尊重程度和服务意识。如果在财政资金的使用中存在大量低效和浪费的情况，很显然就说明政府对纳税人的劳动成果不够尊重，服务纳税人的意识不强。反之，如果政府在财政资金的使用上高度重视支出绩效，想方设法地提高财政资金的使用效率，用有限的资金为社会公众购买更多更好更符合需要和公众偏好的公共服务，则充分反映了政府对纳税人的尊重和强烈的服务意识。那么如何促使各级政府在政府购买公共服务领域中注重购买支出的绩效呢？一个很重要的手段就是通过加强财政监督，促进购买绩效的提升即通过加强财政监督，利用有效的工具和手段，在各个环节防止服务购买者随意支出，防范公共服务承接者提供质次价高的服务，为财政资金的购买公共服务支出把好关，用监督促效率，用监督防浪费，用监督保质量。

第四章

搭建政府购买公共服务风险管理分析框架

根据第二章的理论研究我们已经知道，风险管理是指通过对风险的认识、衡量和分析，选择最有效的方式，主动地、有目的地、有计划地处理风险，以最小成本争取获得最大安全保证的管理方法。而所谓的政府购买公共服务风险管理分析框架，指的就是对政府购买公共服务活动中各种显性和隐性风险进行分类、识别、评估以及影响分析的理论研究体系。搭建政府购买公共服务风险管理分析框架，是构建以风险管理为导向的政府购买公共服务财政监督机制的前提和必要条件。为保证我国政府购买公共服务财政监督机制的顺利构建，本章认为，应当先行搭建政府购买公共服务风险管理分析框架。通过进行风险识别、探寻风险原因、开展风险评估、分析风险影响，能够对政府购买公共服务流程的各个环节进行深入剖析，为我国构建以风险管理为导向的政府购买公共服务“模块化嵌入式”财政监督机制奠定研究基础。

本章确定的政府购买公共服务风险管理分析框架如图 4－1 所示。

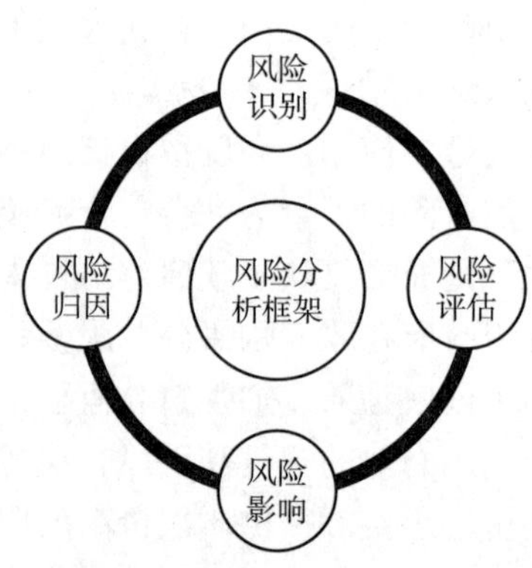

图 4－1　政府购买公共服务风险管理分析框架

政府购买公共服务风险管理分析框架由风险识别、风险归因、风险评估和风险影响四部分组成。本章各节将对上述问题进行重点研究，以期为构建以风险管理为导向的政府购买公共服务财政监督机制奠定研究基础。

第一节　政府购买公共服务的风险识别

风险识别，是政府购买公共服务风险管理的第一步，也是基础条件。只有在正确识别出政府购买公共服务所面临风险的基础之上，我们才能主动地选择适当有效的方法对风险进行防范和处理。因此，对政府购买公共服务的风险进行识别，是构建以风险管理为导向的我国政府购买公共服务财政监督机制的基础和前提。

一、政府购买公共服务风险识别的内涵

现实中，在政府和市场的各种活动中，风险无处不在。有些风险显而易见，有些风险则不易发觉。显而易见的风险往往比较明显，人们比较容易认识到风险的存在，并能够提早采取预防措施。但不易发觉的风险往往比较隐蔽，不太容易被人们提早预见，只有当风险发生时，人们才会意识到风险的到来。因此，对各类风险提早识别、提早发现、提早认知，就成为预防风险发生的重要手段。政府购买公共服务既是政府活动，又是市场活动，同样会存在各种显而易见或不易发觉的风险。如果不提早发现这些风险的存在，并提早制定措施，一旦风险发生，会直接影响政府购买公共服务的效率，甚至会影响政府形象。而政府购买公共服务财政监督的重点问题，就是要防止这些风险的发生。

本章认为，所谓政府购买公共服务的风险识别，是指对政府购买公共服务存在的各种风险发现和认知的过程。在这一过程中，需要对政府购买公共服务制度的实施过程中可能发生的风险进行分析和提取，并对各种风险进行归类。

二、风险识别的流程

政府购买公共服务属于财政支出的范畴，真正意义上的政府购买公共

服务是现代市场经济发展及公共财政理念的产物。① 作为购买主体的政府委托社会组织或企业等其他服务提供机构来提供满足民众需求的公共服务过程，其是政府通过财政支付资金的一种契约式的购买行为，是政府通过财政资金或者其他公益性资金向服务供应商购买公共服务的一个过程。

在这一过程中，形成了构成政府购买公共服务的四个必要条件：一是政府作为购买方；二是社会组织或企业作为承包方；三是购买标的属于政府的公共职能；四是购买资金来源于财政资金。这其中的风险要素一般包括三方面内容：一是政府采购主体使用公共资金的权力风险；二是承包方套取政府采购所支付资金的非公共支配风险；三是政府购买公共服务的目的是否为了满足公共需要的识别风险。②

本书认为，无论是政府购买公共服务中的服务购买方主导购买过程的权力决策风险，还是服务提供方合同实施环节风险或购买过程中的监督风险，都可以通过风险识别的流程用显微镜式的剖析和全景式覆盖的搜索显现出来。

所谓风险识别的流程，实际上是认识风险的基本过程。这一基本过程包括认识风险的存在—对风险进行归类—分析各类风险的表现—判断各种风险存在的环节，如图 4 – 2 所示。

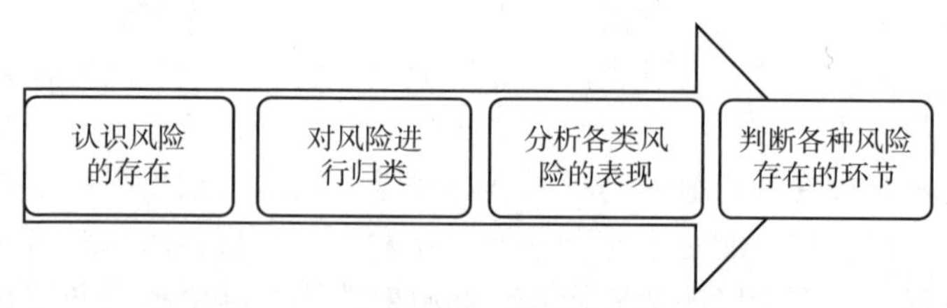

图 4 – 2　政府购买公共服务风险识别的流程

三、政府购买公共服务的风险归类

由于政府购买公共服务涉及制度建设、流程规范和具体实施等多个问题，在实际运行中，工作环节比较繁杂，牵扯的利益主体多样，使得各类

① 王军：《中国转型期公共财政》，人民出版社 2006 年版，第 24 页。
② 肖北庚：《国际组织政府采购规则比较研究》，中国方正出版社 2003 年版，第 6 页。

风险随时可能发生。为了更好地设计风险管理导向的财政监督运行机制，根据政府购买公共服务可能存在的风险，我们可以将各种风险进行如下归类。

（一）主观风险和客观风险

所谓主观风险，是指政府购买公共服务过程中由于各种主观人为因素导致的风险。这种风险既有主动型的，也有被动型的。之所以存在和会发生主观风险，根本原因在于政府购买公共服务作为一种兼具行政性和市场性的特殊行为，其本身既具有政策目的性，又具有一定的市场竞争性，牵扯多方利益主体的利益诉求。而各利益主体追求目标的不一致性，使得各主体的行为发生一定的扭曲或与制度初衷相背离，必然会导致在制度运行过程中出现各种风险。人们常说的“寻租行为”，在缺乏约束的情况下，同样会在政府购买公共服务领域存在和发生，无论其是主动发生还是被动发生，都具有人的主观故意性，因而，此时发生的风险就是主观风险。

所谓客观风险，是指在政府购买公共服务活动中，由于制度漏洞、操作流程和规则的疏漏，或者由于环境变化导致的风险。这种风险主要表现为不是开展该活动过程中的人为主动行为结果，而是具有非主观故意性，是制度不完善或环境变化造成的，需要依靠完善法律、制度、规则和适应环境进行调整才能够加以防范。这种非人为主观故意性的风险，就是客观风险。

（二）显性风险和隐性风险

所谓显性风险，是指在制度运行过程中可以预见或比较容易观察和发现的风险。这些风险可以是制度建设方面的，也可以是制度运行过程中的，还可以是各种可以预见的人为因素导致的。相比较而言，显性风险因其可预见性和易于观察与发现的特点，使得监管者比较容易制定相应的监管措施，防范和及时制止风险的发生。

所谓隐性风险，是指隐含在制度制定和规则运行过程中，难以预见和不易察觉与发现的各类风险。此类风险具有隐蔽性强的特点，要发现和捕捉这些风险，需要消耗监管者大量的精力，给监管者的监管带来比较大的麻烦。

（三）内部风险和外部风险

所谓内部风险，是指来自政府购买公共服务制度的内部，由于各种主客观因素导致可能发生的风险。这些风险虽然来自制度运行内部，但因政府购买公共服务影响的广泛性，使得其影响将不仅限于制度内部，还会波及各利益主体，即内部风险外部化。由此，加强政府购买公共服务制度的内部控制，防范各种内部风险的发生就显得尤为重要。

所谓外部风险，是指来源于政府购买公共服务外部，由于各种环境因素导致的风险。包括政治、社会、经济、技术等方面的环境因素，会在一定程度上对政府购买公共服务活动产生直接或间接的影响，并由此形成一定的风险。由于此类风险的存在，要求政府购买公共服务制度的开展，一方面要适应环境变化的要求；另一方面也要利用自身的影响，尽力促进各种外部环境的改善。

（四）制度风险和运行风险

所谓制度风险，是指在政府购买公共服务制度的建设中，由于思想观念、主体素质等原因导致的各种制度缺陷或漏洞，给整个制度运行带来的不良影响或损失。事实上，由于我国政府购买公共服务制度全面推开的时间不长，各级政府虽然已经将制度框架搭建起来，但制度内容比较粗糙，操作性不强，很多问题仍然处于探索和探讨过程之中。制度的不完善，必然会带来一定的风险因素，需要在未来的制度建设中不断健全和完善。

所谓运行风险，是指在政府购买公共服务活动开展的过程中，隐含于购买流程各个环节中的风险。这些风险在购买公共服务流程的各环节表现不一，特点不同，但导致的结果都将会影响政府购买公共服务的效率和质量。同时，由于规范化的政府购买公共服务的流程蕴含着公平、公正和公开的基本原则，如果不将运行中各环节的风险一一识别并加以防范，上述“三公原则”就无法落实。因此，必须高度重视运行风险，将政府治理的理念融入防范运行风险之中。

（五）决策风险和实施风险

所谓决策风险，是指在政府购买公共服务之前对需求的判断和在决策中存在的风险。决策风险通常发生在购买行为之前，涉及对“为什么买”“买什么”“向谁买”“买多少”等问题的判断和决定。这一过程不仅是对公共服务购买的基本判断，还涉及政府转型、政府治理等重大理念的落实，直接影响着后面政府购买公共服务的具体实施及其结果。因此，必须

高度重视需求管理和决策风险的防范。

所谓实施风险，是指在政府购买公共服务决策完成进入实际购买过程后存在和发生的风险。既包括信息风险、流程风险、操作风险，也包括资金风险、合同风险和质量风险等。此时存在和发生的风险呈现出多环节、多种类和多样化的特点，需要将各种监控手段嵌入其中，以防止任何环节发生任何形式、任何种类的风险。因此，此类风险的防范需要具有极强专业性的技术手段。

四、政府购买公共服务风险存在的环节

政府购买公共服务作为兼具行政性和市场性的行为，本身涉及多个工作环节，既涉及作为政策制定者的政府行政部门，也涉及参与政策落实的所有部门、单位、中介组织、社会组织和企业等。当众多部门和社会力量共同合作完成政府购买公共服务事项时，由于主体的多元化和购买公共服务事项的多样化与专业化，使得原本形成的多重委托代理关系中普遍存在信息不对称的现象，进而导致风险的存在。通过这种委托代理链条实现的政府购买公共服务，本身要经过多个工作环节才能完成，而每个工作环节都可能存在风险。为了能够比较清晰地分析政府购买公共服务风险存在的环节，本书将政府购买公共服务分为政策制定阶段和制度运行阶段两大部分，并分析在这两大工作环节中存在的具体风险。

（一）政策制定阶段

政府购买公共服务作为现代政府治理的一项重要工具，事关政府与市场、政府与社会的关系问题，涉及面广，政策影响力强。因此，政府各部门在制定政府购买公共服务的政策时，应当重视政策制定环节中可能存在的问题或漏洞将造成的风险，及时进行调整和完善政策措施。

1. 政策目标设定环节。

在政府购买公共服务政策制定的目标设定环节，最容易出现的风险就是政策目标设定不够清晰。特别是在具体公共服务事项购买的政策制定上，政策目标的清晰度不够，使得政府购买公共服务的购买结果和服务效果打折扣。此时，最容易发生的就是主观风险，而这种风险往往不易被社会察觉，容易形成隐性风险。

2. 政策制定过程环节。

在政府购买公共服务政策的制定环节中比较容易出现的问题是政策制定比较随意，缺乏严谨的论证过程等。这些问题极易导致政策制度在落实过程中出现各种不适应或难以执行的情况，最终难以实现政府购买公共服务的政策目标和制度的落实，其作为政府治理工具的应用难以真正发挥作用。此时发生的风险，就是制度风险。制度风险对政府购买公共服务而言，是最大的风险，是系统性的、全局性的，负面影响最大，必须加以防范。

（二）制度运行阶段

当政策制定工作完成后，政府购买公共服务就进入政策落实也就是制度运行阶段。在此阶段中，涉及众多部门、单位、社会组织、企业和第三方机构等的活动，而他们活动的最终结果将直接作用到服务对象身上。此时，制度运行中的各个环节会因为这样或那样的原因，出现或形成不同的风险，从而导致制度运行效率受损或服务质量的下降。本书将政府购买公共服务的运行过程分为需求形成阶段、购买过程阶段、合同履行阶段和监督评价阶段，并据此分析各阶段存在的风险。

1. 需求形成环节。

政府购买公共服务的需求形成，是制度落实的第一步。此时，最重要的问题就是要了解、分析和最终确定购买什么公共服务，也就是要解决具体“买什么”的问题。要在国家规定的各类基本公共服务框架中，具体确定购买公共服务的细项内容、种类、规模、服务对象等。

在此环节存在的主要风险在于：第一，由于作为购买者的各地区、各部门、各单位手中都有一定的购买权力，需要在制度规定范围之内各自确定购买服务的需求内容，极易出现购买需求缺乏充分调查研究，最终形成的购买需求脱离被服务对象实际需要的风险；第二，也可能由于相互之间的攀比或模仿，出现跟风购买、盲目购买的现象，其结果将造成政府购买公共服务效率的损失；第三，对政府购买公共服务项目的经费预算编制不科学，导致购买资金的损失或浪费。

2. 购买过程环节。

政府购买公共服务的需求确定之后将进入购买环节。此时是制度落实的关键时期，也是与市场关联最为紧密的时期，还是最需要彰显政府购买公共服务的公开、公正、公平和物有所值原则的环节。但也恰好在这个环

节，各种利益主体的利益纠葛得以充分展现，从而成为风险隐患最为集中的环节。

此环节存在的风险主要在于：政府购买公共服务信息不公开或公开程度不够，导致参与竞争的承接主体无法获得充分的购买信息，从而导致信息获取的不公平；购买主体购买方式的选择有偏差，导致市场竞争不充分或缺乏竞争；为追求利益，而发生寻租行为；购买主体为获得不当利益而为参与竞争者人为设置障碍，阻碍公平竞争；政府购买公共服务流程不规范，导致效率损失；评标专家的专业性选择与管理问题；承接主体的质疑与投诉渠道畅通与回应是否及时；购买合同的签署是否规范严谨等。

3. 合同履约环节。

在购买过程完成之后，政府购买公共服务就进入合同履约环节，也就是说，政府购买公共服务进入了实质性为被服务对象提供公共服务的阶段。此时，承接主体对购买合同的履约情况，将直接关系服务质量的高低，将最终体现政府购买的公共服务是否真正实现了“物有所值”。但是，由于承接主体自身存在的利益需求，其在履行购买服务合同时极易出现一些问题，导致服务质量发生风险。

此环节存在的风险主要在于：承接主体为节约成本，在履约时降低服务标准或减少服务数量；承接主体前期服务到位，后期工作松散；承接主体前期的工作目标是争取获得政府购买公共服务合同，一旦合同到手，就意味着经费到账，服务则应付了事；承接主体确实提供了服务，但服务质量距合同要求相差很远；承接主体资质不高，虽然勉强争取到了合同，但履约能力严重不足；购买主体在购买过程中对经费预算控制过于严格，导致承接主体的合同履约困难等。

4. 监督评价环节。

政府购买公共服务的监督应当存在于上述各个环节中，而绩效评价作为监督的重要工具，往往是在政府购买事项完成之后进行的。监督评价的目的，是为了保证政府购买公共服务制度的顺利运行，同时也是为了保证政府花钱购买的公共服务能够更加有效率、精准地、保质保量地满足社会公众的切实需要。因此，监督评价是政府购买公共服务制度运行阶段的重要环节。但是，由于各种主客观原因，很有可能造成监督不力、评价不准的风险。

此环节存在的风险主要在于：政府购买公共服务的购买主体只重视

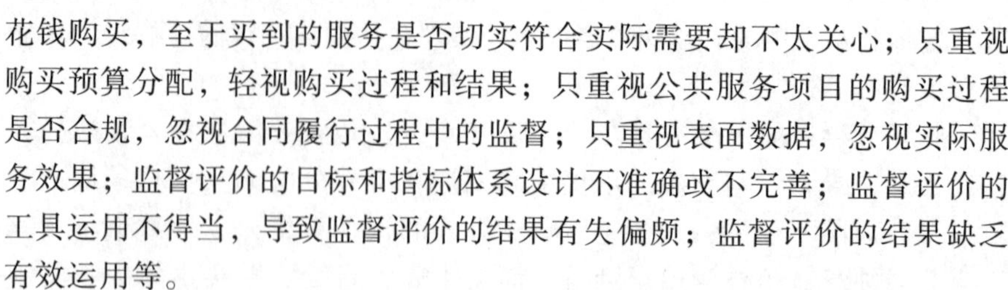

花钱购买，至于买到的服务是否切实符合实际需要却不太关心；只重视购买预算分配，轻视购买过程和结果；只重视公共服务项目的购买过程是否合规，忽视合同履行过程中的监督；只重视表面数据，忽视实际服务效果；监督评价的目标和指标体系设计不准确或不完善；监督评价的工具运用不得当，导致监督评价的结果有失偏颇；监督评价的结果缺乏有效运用等。

第二节　政府购买公共服务的风险归因

政府购买公共服务作为一项兼具行政性和市场性的活动，是由多个工作环节组成的链条流程。其中，每一个流程环节都受到各种因素的影响，会直接或间接地导致风险的存在或发生。前述政府购买公共服务的各类风险的存在，都有其不同的主客观原因。只有认真分析各类风险形成的原因，并研究其影响因素，才能为防范政府购买公共服务风险、加强监督管理奠定基础。本书认为，政府购买公共服务风险的形成原因，可以分为主观原因和客观原因。

一、主观原因

从主观上讲，政府购买公共服务作为政府治理创新的一项政策工具，其在推行过程中不可避免地需要各方面主体及时更新观念，准确把握方向，紧跟形势发展动态，将政府购买公共服务制度的建设和运行落到实处。但是，由于各方面的认识能力和认识水平等问题，导致许多地方和部门在政府购买公共服务制度的建设方面存在不健全和不完善的问题。具体而言主要表现在以下几个方面。

（一）认识不清

在前期的实地调研过程中我们发现，很多部门、单位和承接主体，对政府购买公共服务的意义和作用认识非常模糊，认为这只不过是将政府原来自己该做的事情，通过“政府购买公共服务”这样一个新词转给社会力量去做，这样就可以减少政府的责任，至于服务质量的好坏则很少关心。当这种认识普遍存在于部门、单位和承接主体中时，政府购买公共服务的

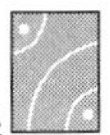

各类风险的出现和发生就很难避免。

（二）利益驱动

政府购买公共服务与私人购买服务不同，其资金来源主要是财政资金，也就是公共的资金。对各种利益主体而言，通过购买或获取政府购买服务项目，都可能有机会从中获得一定的好处。因此，无论是购买主体还是承接主体，在执行具体公共服务项目的购买活动时，都可能存在因利益驱动而发生“寻租”行为的冲动。此时，如果缺乏有效的监督制约手段，就会给政府购买公共服务活动带来很大的道德风险。

（三）追求稳妥

由于政府购买公共服务既是当前和未来各级政府部门重要的工作内容和职责，也是政绩考评的内容之一，如何避免出现影响政绩考评的麻烦，也成为一部分购买主体在实施政府购买公共服务时考虑的问题。为了求得稳妥，避免出现麻烦，很多部门和单位最常用的方法就是不通过向社会公开招投标，而是直接将公共服务项目委托给比较熟悉的承接主体，其中，主要是事业单位和核心社会枢纽组织。这种做法虽然有一定的好处，但是，在政府希望利用购买公共服务实现市场公平竞争和促进社会力量成长的政策目标就难以真正实现了。另外一种比较常用的方法，就是以“化整为零”的方式规避统一招投标，这样做的结果，实际上形成了政府购买公共服务仍然是在体制内循环，而更多的市场主体却无法通过公开公平的竞争进入这一领域。缺乏公开、公平竞争的政府购买公共服务，最终将难以提升财政资金的使用效率和效益的目的。

二、客观原因

除了上述主观原因外，政府购买公共服务风险的形成还存在重要的客观原因。其中，最主要的客观原因在于：我国政府购买公共服务制度实施的时间还比较短，没有很多成熟的经验可以推广，各级政府、各部门和各单位在落实制度时还处于探索阶段。在这一前提下，政府购买公共服务制度的政策制定和实际运行存在一定风险也是在所难免的。

（一）制度不够成熟

如前所述，由于我国政府购买公共服务制度建设时间不长，很多相关问题在制度建设层面并未得到很好地解决，还处于研究和探索过程中。诸如政府购买公共服务的边界、范围、方式、流程、监督、评价等重要问题虽然已有基本规定，但线条较粗，不够具体，在一定程度上会影响操作的准确性。例如，政府购买公共服务的边界问题。也就是说，除了要在原则上明确公共服务中有哪些属于政府购买公共服务的范围，哪些不属于，而且还应当将其具体化并写入法律之中，不仅能使政府购买公共服务的边界清晰，同时也会让政府的行为边界和责任内涵更清晰。但目前此类问题尚未有非常明确而具体的解答。

（二）各地做法不一

从整体上看，政府购买公共服务制度仍处于探索阶段，除全国统一的政策，即2013年国务院颁布的《指导意见》和财政部等部门统一下发的相关文件外，各级地方政府均有权力在自己的辖区范围内，制定本地区的政府购买公共服务的地方政策。而各地的地理位置、人口结构、经济社会发展水平等差异很大，使得政府购买公共服务的地方政策并不统一，甚至同一地区的不同层级政府制定的政策也并不完全一致。这一方面体现了因地制宜的原则，保持了政策的灵活性；但另一方面也为建立规范统一的风险防范体系带来了挑战。

（三）管理体制不健全

事实上，我国现行政府购买公共服务管理体制尚未真正确立。虽然中央有统一的指导意见，财政部门在财政资金的管理上也有统一的要求，但是，在政府购买公共服务的责任划分上却没有明确的制度要求。从各级政府的现有政策看，同级政府要求政府部门之间要协调配合的政策文件不少，但具体责任划分并不清晰。而从纵向的管理体制看，各级政府之间在政府购买公共服务方面的各自责任范围也没有明确。通常是由各级政府参照上级政府文件制定自己的购买清单、服务内容等，但上级政府为基层公众购买的服务有时候不能够完全贴近基层群众的要求。而基层政府包括社区组织虽然了解基层群众的需求，但其购买权力的配置却不相对应，导致公共服务的供给与需求的匹配度存在问题，形成了风险。

（四）存在诸多影响因素

在政府购买公共服务制度的建设和运行中，还会受到诸多客观因素的

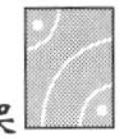

影响，包括市场因素、社会因素、技术因素等。其中，市场因素中包括政府购买公共服务的交易规则、服务成本、价格、利润率、竞争方式等。社会因素则包括公众对政府购买公共服务的认知程度、社会组织的成熟度、公众对所购公共服务的认可程度等。技术因素主要是指政府购买公共服务的标准制定、合同范本、平台建设、绩效评价指标体系设置等。这些影响因素的客观存在，都将直接影响企业和社会组织参与政府购买公共服务的积极性和主动性，也会直接影响制度运行中风险产生的几率大小。因此，重视各种影响政府购买公共服务制度运行的客观因素，是防范政府购买公共服务风险极其重要的内容。

第三节 政府购买公共服务的风险评估

所谓风险评估（risk assessment），是指在风险事件发生之前或之后（但还没有结束），对该事件给人们的生活、生命、财产等各个方面造成的影响和损失的可能性进行评估的工作。也就是量化测评某一事件或事物带来的影响或损失的可能程度。政府购买公共服务的风险评估，就是对风险可能造成的损失进行评估的过程。根据政府购买公共服务存在的风险，我们可对其进行评估。

一、政府购买公共服务风险评估指标体系设计

政府购买公共服务风险同样存在于政策制定阶段和制度运行阶段。我们将对政策制定阶段和制度运行阶段的风险分别进行评估指标体系的设计。

（一）政策制定环节风险评估矩阵

根据风险评估矩阵，我们将政府购买公共服务政策制定环节存在的风险进行严重程度评估。在此阶段，我们将政策发生的可能性由高到低排序为：政策制定存在漏洞、政策制定过程缺乏充分论证、政策目标不清晰、政策适用范围较窄、政策调整频率较快等几个方面，并评估各风险一旦发生造成的严重后果程度，如表4－1所示。

表4－1　　政策制定环节风险评估矩阵

风险发生的可能性		风险发生的严重程度			
		非常严重	严重	一般	较弱
高 ↓ 低	政策制定存在漏洞	—	严重	—	—
	政策制定过程缺乏充分论证	非常严重	—	—	—
	政策目标不清晰	非常严重	—	—	—
	政策适用范围较窄	—	—	—	可容许
	政策调整频率较快	—	—	—	可容许

根据表4－1所示，在政府购买公共服务政策制定的环节中，风险发生的严重程度分为非常严重、严重、一般和较弱四个等级。由风险发生的可能性与风险发生的严重程度对照可知以下内容。

第一，“政策制定存在漏洞”是政策制定中最容易出现的风险。主要是因为，一方面，我国政府购买公共服务制度的推行时间较短，缺乏充分可借鉴的经验加以参考，对制度建设仍然处于探索和逐步建立的阶段，制度存在漏洞在所难免；另一方面，随着时间的流逝，政府购买公共服务的社会环境和技术环境等也会变化，原有制度规定很有可能因没有及时调整而出现漏洞，引发风险。而这种风险一旦发生，会在一定程度上造成政府购买公共服务效率的损失，因此，在风险等级上给予其“严重”评级。

第二，“政策制定过程缺乏充分论证”是发生几率非常高的风险，这往往与缺乏经验、没有充分调查研究等情况紧密相关，一旦发生，将使得政策的针对性不强，可操作性差，落地困难，因而，属于风险发生严重程度中的“非常严重”等级，要高度重视并加以防范。

第三，“政策目标不清晰”是政策制定环节中发生几率较高的风险，一旦发生，会使得整个制度运行出现偏差，因此，属于风险发生严重程度中的“非常严重”等级，要予以高度重视。

第四，“政策适用范围较窄”是在政策制定环节中经常发生的风险，一方面是由于当前比较分散的管理体制决定的；另一方面是由于政府的行政层级造成的。目前，除全国统一制定覆盖全国的政策措施外，大部分具体购买公共服务的政策由各部门和各地区政府自行制定，使得政策的覆盖面相对较窄。较窄的适用范围，可能导致不同部门之间、不同地区之间的

政策不统一，存在较大差异，最终导致不同受众对象享受的服务水平和质量难以均衡。但相比以上几类风险而言，这种风险相对来讲危害较弱，对政府购买公共服务制度的顺利开展负面影响较小。因此，在风险评估等级上为“较弱”，具有“可容许”性。

第五，“政策调整频率较快”也是在政策制定环节可能发生的一类风险。这种调整可能由于环境变化引起，也可能是因原有政策存在较大漏洞需要及时调整引起，还有可能是现实出现的新要求引起。但无论何种原因，政策调整频率较快可能导致原有政策在执行过程中需要及时调整，否则可能与新政策不相符。再有就是频繁调整政策会存在新老政策衔接和执行单位的适应性问题。此种风险相对而言造成的危害较弱，具有“可容许”性，因而，在风险评估等级上为“较弱”。

（二）制度运行阶段风险评估指标体系框架

政府购买公共服务的制度运行阶段，就是政策的落地执行环节，此时对风险的评估，实际上就是对具体购买公共服务项目实际活动中的风险进行评估。在制度运行中，主要涉及项目立项、预算管理、购买过程、合同管理等问题。因此，本书将就政府购买公共服务项目等风险评估，建立具有共性的评估指标体系。

由于政府购买公共服务的资金来自公共财政支出，因此只有使购买方和服务提供方的工作规范化，服务行政合同执行才会有保障，为达到这样的目的，首先，需要合理的指标体系评估购买过程中的风险类型和等级。借鉴王浦劬、萨拉蒙等人的观点，本书的首要指标是根据政府购买公共服务的公共财政和公益资金来源来评估其监管和资金使用规范化方面的风险。其次，对于处于起步阶段的政府购买公共服务来说，能够提供高效服务的社会组织无论是数量和能力建设方面都有待改进，这方面的风险需要合理科学的评估。① 最后，根据政府购买公共服务的机构资质、服务项目的提供过程中及购买服务结束的三个不同阶段，以及购买者政府需求的动机和公众对购买公共服务的需求等级等，本书重点评价购买服务中的履行合同风险、激励机制和约束风险机制以及与受众的信息沟通机制和反馈机制。但是，在具体政府购买公共服务项目评估过程中，评估指标体系的侧重点会有所不同，因此在借鉴中央国家机关绩效评价指标体系

① 徐家良、赵挺：《政府购买公共服务评估机制研究》，载《政治学研究》2013 年第 10 期，第 87 ~ 92 页。

的基础上，可使用一般政府购买公共服务项目风险评估共性指标体系，如表 4－2 所示。

表 4－2　政府购买公共服务项目风险评估共性指标体系框架（基层项目）①

<table>
<tr><th rowspan="2">一级指标</th><th rowspan="2">二级指标</th><th colspan="2">三级指标</th><th rowspan="2">指标解释说明</th></tr>
<tr><th>整体监测指标</th><th>细化指标</th></tr>
<tr><td rowspan="11">投入</td><td rowspan="7">项目立项</td><td rowspan="2">项目立项规范性</td><td>目标合理明确</td><td rowspan="2">1. 项目申请设立是否符合规定；2. 申请材料和文件是否规范；3. 是否进行可行性分析和需求分析、专家风险评估及集体讨论决策</td></tr>
<tr><td>实施计划</td></tr>
<tr><td rowspan="3">绩效目标合理性</td><td>完成进度</td><td rowspan="3">1. 项目是否依据国家法律、经济发展规划而设立；2. 服务提供方与购买方关系是否密切；3. 服务项目是否符合客观实际情况；4. 项目绩效目标与项目预期产出效益是否相符</td></tr>
<tr><td>完成质量</td></tr>
<tr><td>完成及时性</td></tr>
<tr><td rowspan="2">绩效指标明确性</td><td>绩效指标体系完整</td><td rowspan="2">1. 绩效指标是否清晰、明确、细化分解、可衡量；2. 项目完成任务是否与计划相对应；3. 服务项目投资额与预算资金量是否相匹配</td></tr>
<tr><td>绩效目标细化</td></tr>
<tr><td rowspan="4">项目预算</td><td rowspan="2">预算申请</td><td>预算完整性</td><td rowspan="4">1. 资金到位率＝(实际到位资金/计划投入资金）×100%；
2. 到位及时率＝(及时到位资金/应到位资金）×100%</td></tr>
<tr><td>预算合理性</td></tr>
<tr><td rowspan="2">资金落实</td><td>资金到位率</td></tr>
<tr><td>到位及时率</td></tr>
<tr><td rowspan="3">过程（履行合同风险）</td><td rowspan="3">业务管理</td><td colspan="2">管理制度健全性</td><td rowspan="3">1. 是否有健全的业务管理制度；2. 考核制度对保障项目资金落实的程度及制度是否合法合规；3. 合同书、验收报告、技术鉴定等是否齐全并归档；4. 项目实施人员、场地、信息支撑是否落实到位；5. 是否制定相应的质量要求和标准；6. 是否对项目质量进行检查</td></tr>
<tr><td colspan="2">制度执行有效性</td></tr>
<tr><td colspan="2">项目质量可控性</td></tr>
</table>

① 李永站：《政府购买公共服务的风险防控机制研究》，中央财经大学硕士论文，2016 年。

续表

一级指标	二级指标	三级指标		指标解释说明
		整体监测指标	细化指标	
信息沟通机制	预算执行	填报预算执行数据的及时性		1. 项目执行率=(项目预算支出完成数/项目预算数)×100%；2. 支出均衡率=(支出执行进度/支出进度标准)×100%；3. 资金转结率=(项目结转资金总额/项目预算)×100%；4. 资金转结变动率=[(本年度资金结转总额－上年度结转资金总额)/上年度结转资金总额]×100%
		填报预算执行数据的正确性		
		项目执行率		
		支出均衡率		
		资金结转率		
		资金结转变动率		
约束风险机制	财务管理	管理制度健全性		1. 服务实施单位财务制度是否健全，能否保障资金规范、安全运行；2. 资金的拨付是否有完整的审批手续和程序；3. 资金用途是否符合项目预算批复或合同规定；4. 是否存在截留、挤占、挪用、虚列支出等情况；5. 相应的监控机制是否完备；6. 是否采取财务检查等监控措施和手段
		资金使用合规性		
		财务监控有效性		
产出	项目产出	实际完成率		1. 实际完成率=(实际产出数/计划产出数)×100%；2. 完成及时率=[(计划完成时间－实际完成时间)/计划完成时间]×100%；3. 质量达标率=(质量达标产出数/实际产出数)×100%；4. 成本节约率=[(计划成本－实际成本)/计划成本]×100%
		完成及时率		
		质量达标率		
		成本节约率		
效益实现情况（反馈机制）	社会效益	社会民众或服务对象的满意度		1. 这些指标是设置项目支出绩效评价时必须考虑的共性要素，可根据实际情况有选择地设置，并可细化为个性指标；2. 社会公众或服务对象指因服务项目实施而受影响的单位或者个人，一般采取社会调查的方式
		经济程度		
	影响力	项目实施的直接影响情况		
		服务项目后续影响		
	可持续性	项目成效发挥影响程度		
		项目推广成效		
团队情况	团队建设	以往承接项目的完成情况		1. 这些指标应视服务项目的专业化程度而定；2. 团队考评需要熟悉这一服务领域的人员来进行考评
		是否具备独立承接项目的能力		
	专业性	确保服务项目的实施专业人才		
		确保服务项目开展的专业技术		

二、政府购买公共服务风险预防审核流程

政府购买公共服务各类风险的风险程度各不相同，在具体的政府购买公共服务项目实施前，最为关键的预防手段，就是进行预算风险审核。即根据一定的流程和指标对风险作出合理的评估，争取在实施政府购买服务具体项目之前就将可以避免的风险排除在外，消除隐患，做到预防为先。根据财政部《中央部门预算绩效目标管理办法》，可确定政府购买公共服务预算风险审核流程，如图 4 –3 所示。

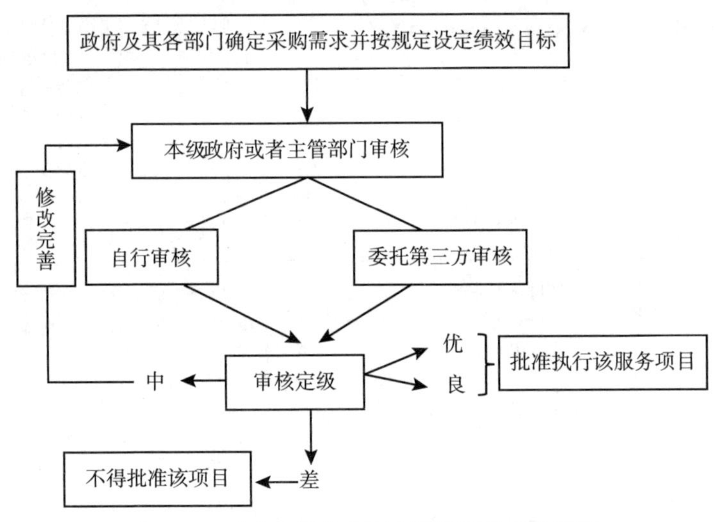

图 4 –3　政府购买公共服务预算风险审核流程

在政府购买公共服务预算风险审核流程图中，先由政府及其各部门确定采购需求并按规定设定绩效目标，服务项目的审核主管部门根据所设定的绩效部门自行审核是否符合规定和要求，然后再委托第三方进行独立审核，并听取社会民众和其他相关主体的意见。根据以上的审核结果，对服务项目进行审核定级，如果审核定级为优良，则可以直接批准该项目的实施；如果审核定级为中，则需要服务供应商修改完善预算方案后再重新进入审核判定流程；如果审核定级为差，则可以直接否决服务供应商的项目申请方案。

第四节 政府购买公共服务风险的影响

政府购买公共服务存在的各类风险不仅会影响所购买服务本身的运转和质量，还会在宏观层面产生不良的影响。因此，在识别风险和评估风险之后，我们还要考察风险带来的影响。从理论和现实两个方面看，本书认为，如果政府购买公共服务的各类风险发生，将产生以下几方面的影响。

一、对政府购买公共服务制度本身的影响

从理性上讲，任何制度在制定和运行过程中都可能存在或产生风险，政府购买公共服务制度也是如此。只要存在风险，就有风险发生的可能。而一旦发生风险，其给政府购买公共服务制度带来的影响就是消极的、负面的。由于政府购买公共服务在我国属于新生事物，在整个制度探索时期，如果发生各类风险，无疑将对整个制度的建设和运行产生不良影响。

首先，如果在政策制定环节发生风险，将影响整个制度建设的完整性和可操作性；其次，如果在制度执行环节发生各类风险，必然会影响政府购买公共服务制度运行的规范性和有序性；再次，无论何种风险的发生变成现实，都会直接影响整个制度运行的有效性；最后，在购买资金方面必然会造成财政资金的损失和浪费，影响政府购买服务制度的绩效。

二、对政府治理体系和治理能力现代化的影响

当前，我国大力推行政府购买公共服务的一个重要目的就是通过该制度的有效实施，实现政府与市场、政府与社会的良性合作关系，提升对社会公众提供公共服务的质量和效益，最终体现政府治理体系和治理能力现代化的目标。因此，这一政策工具的运用是否有效，会直接反映在制度运行的过程和结果上。如果在政策和制度的制定、运行过程中存在许多漏洞和风险，而缺乏事前的防范措施任由风险发生，势必导致制度运行的过程和结果会出现与目标相去甚远的偏差，进而造成政策目标难以真正实现。

具体而言，如果发生政策制定风险，首先，将影响政府治理体系的健全和完善；其次，将使得政府治理的目标难以实现。制度运行中产生风险而造成的影响将集中表现为：第一，无法真正发挥政府治理现代化工具的作用；第二，给政府声誉造成不良影响。

三、对购买主体和承接主体的影响

政府购买公共服务的主要参与者是购买主体和承接主体。无论是在政策制定环节发生风险，还是在制度运行环节发生风险，都将直接影响两方的行为和利益，甚至会造成某些行为扭曲或盲目逐利。

如果在政策制定中发生风险，从购买主体一方来看，会导致购买主体出现两种情况：第一是不作为。政策不清晰，又无先例可循，所以无所适从，摸不清到底应该怎么做，索性观望，少做或尽量不做。第二是乱作为。政策模糊，自己又需要政绩，索性就“大胆而为”，不但应买尽买，而且能买就买，把自己应尽的职责也以购买服务之名外包出去，以此减轻自身责任。而从承接主体一方来看，最容易出现的就是钻政策漏洞的空子，利用政策的不成熟，打擦边球，尽量为己谋利。

如果在制度运行中发生风险，从购买主体一方来看，会直接造成购买过程中的效率损失和购买结果的不理想，最终将会导致前期目标的实现存在较大偏离，购买资金的使用效率低下。从承接主体一方来看，将会失去公平竞争和公平交易的机会。有些承接主体可能会通过寻租行为不正当的攫取了利益，但对大多承接主体而言，则会丧失对政府购买公共服务公平性的信心。

四、对社会公众的影响

由于政府购买公共服务的最终受益者是社会公众，如果在政策制定和制度运行中真的发生了风险，最终的利益受损者还是作为最终委托人的社会公众。此时，社会公众损失的不仅是服务的内容和质量，还有作为纳税人缴纳给政府的财政资金。但是，政府购买公共服务涉及众多领域，购买过程又不被大多数公众了解，因此，公众对自己的利益受损过程和受损情况并不充分知晓。而这种情况存在的直接原因就是公众缺乏了解和反馈的渠道，这无疑又会反过来加重了风险发生的可能性。

五、对财政监督管理的影响

从上述影响的方面可以看出，政府购买公共服务的影响不仅局限于微观的购买服务项目，而且会在宏观上产生不良影响。事实上，这些不良影响也会直接反映在财政资金的管理和使用上。而财政监督作为保障财政资金安全和有效使用的重要手段，必然与防范风险紧密联系在一起。因此，政府购买公共服务存在的风险，使得加强财政监督成为必需和必然。

第一，财政监督要在宏观的政策制定层面体现出促进政策完善的功能；第二，财政监督要在制度运行层面强化规范运行、有序运行和安全运行的要求；第三，财政监督要在政府购买公共服务资金监管方面发挥专业性和嵌入性功能；第四，财政监督要在购买资金的安全性和效率性方面发挥引导和促进作用；第五，财政监督要在购买合同的签署和履行方面起到督促作用；第六，财政监督要在政府购买服务的结果方面进行专门的绩效考评。只有做到上述几点，财政监督才能够真正成为防范风险的有效工具。

第五章

国内外政府购买公共服务风险防控机制的经验及借鉴

政府购买公共服务的兴起源于西方发达国家，经过几十年的发展，已经在风险防控方面取得了比较成熟的经验，值得我们学习和借鉴。同时，国内一些地方政府在大力推进政府向社会力量购买服务的大背景下，紧密结合本地实际，也纷纷因地制宜地出台了一些政策措施，为本地区政府购买公共服务制度的顺利进行提供了政策和制度保障。为在我国建立以风险管理为导向的“模块化嵌入式”的政府购买公共服务财政监督创新机制，我们也有必要总结国内做得比较好的地区经验加以借鉴。

第一节　国际经验介绍

英国、美国等发达国家的政府购买公共服务发展较为成熟，其财政监督的职能发挥也比较充分、有效。研究分析这些发达国家的相关财政监督情况，对于创新我国政府购买公共服务的财政监督机制有着十分重要的借鉴意义。

一、英国的经验

20 世纪七八十年代，英国率先进行了公共服务供给私有化方向的探索，声势浩大的政府改革，最先就是从公共服务市场化改革开始的，英国政府在追求效率与经济的目标的前提下，以市场化改革为向导，在公共服务提供中引入市场竞争机制，经过长足的发展，其购买公共服务防范风险机制越来越完善，成为各国借鉴的典范。

（一）英国的政府购买公共服务

第二次世界大战以后，英国建立了较为完善的社会福利体系，在公共服务供给方面推行国有化，接管并创建了大量诸如养老院的社会福利机构。1979 年，保守党领袖撒切尔夫人上台执政。面对石油危机带来的社会管理挑战，以及公共服务供给不足和政府组织效率低下的状况，撒切尔夫人开展了轰轰烈烈的市场化和私有化改造。在撒切尔夫人的推动下，英国石油公司、英国电讯公司、自来水公司等垄断性国企都被卖给私人，100 多万套原由国家所有的保障性的公共住宅被折价卖出，大量与之相关的公共服务被推向市场，由政府部门通过竞争机制进行选择购买。原本由政府负担的环境卫生、垃圾处理、医疗机构甚至监狱等强制性机构都可以在政府的许可支持下由企业和社会组织提供。政府购买公共服务由此兴起。1997 年，工党领袖托尼·布莱尔执政后，顺应了公共服务供给市场化的潮流，延续了这一政策，进一步推进政府部门和社会组织在公共服务领域的协作。在推行政府购买公共服务的过程中，英国各级政府制定了一系列的法律和政策措施，加强对政府购买公共服务进行规范，防范风险。

首先，英国政府构建了完备的法律法规体系，尤其是地方政府层面对于公共服务的具体购买要求提出了许多建设性的规定，其中，比较特殊的是并未将政府从公共服务购买的提供主体中完全剥离，政府还可以通过公平机制和企业等其他承接主体公平竞争。一方面，可以防范在市场失灵、服务提供主体单一情况下出现垄断的情况；另一方面，也便于在竞争投标领域有更规范的政策规定。

其次，英国许多地方政府建立了实施政府购买公共服务的内部执行机构，在通过和其他市场主体公平竞争的过程中，政府增强了监管督察能力。在投标过程中，企业等其他供给主体需要确保自己所提供的服务质量和水平，不能低于政府的提供水平才有可能中标。这在机制上保证了通过实施政府购买公共服务提升公共服务供给质量和效率的改革初衷。

最后，英国通过各种政府白皮书及各类法案，对政府购买公共服务的具体范围和职责等都有较为详细的规定，有效解决了公共服务不够规范、监督执法不够统一、组织机制不够完善、运行管理不够科学、各方职责不够清晰、政策环境不够优化等问题。

到目前为止，英国已经建立了上万个地方政府层面的购买公共服务项目，投入了百亿英镑对各类政府购买公共服务计划进行资助。与之前比较，政府的角色有了明显的转变，传统意义上的监督管理已经对政府购买公共服务风险无法进行有效的防范，于是英国政府通过制定规则和标准，对政府向社会力量购买公共服务的产品质量标准、价格区间以及服务提供方资质等方面进行了详细的规定，以达到既能和服务承接组织建立良好的合作关系，又能保障公共服务供给质量和效率的目标。自 2000 年以来，英国政府颁布了《资助与采购良好行为规范》《公共服务行动计划》《地方政府国家采购战略》等一系列法令条文规范，极大地防范了政府购买公共服务的风险。

除了相关政策制度层面的建设外，英国政府还通过法律的形式对政府和服务提供方的相关责任加以明确。一方面规定如果服务提供方所提供的服务无法达到规定的标准，将会追究其法律责任；另一方面规定监督政府购买公共服务机构的责任，如果其履行监督责任不力，同样会被追责。如英国在《政府与志愿及社区组织合作框架协议》中规定，要对志愿部门、政府法定部门及第三方评估机构就服务提供方所提供的服务进行高规格的评估。这种以法令形式建立的公共服务资源合作框架，对各个主体的履约责任做出了明确的规定，极大地方便了行政问责和对服务提供商的责任追究。除此之外，英国在提供购买公共服务前，会对所要购买的公共服务项目进行科学的财政预算评估，要求财政资金必须严格按照一定的支付原则进行。这些资金一旦确立，只能用于社会公共服务领域，要尽量达到投入产出效益的最大化，而这些要求的基础，是在严格的绩效预估标准之下，对各类不同服务的财政投入比例进行合理的预算评估。

为了明确政府购买公共服务的监督责任，英国政府购买公共服务的监督主体也由较为明确的机构来承担，有些由政府自身来承担，有些由监督仲裁机构来承担，或者政府也可委托基金会以及非营利组织、委员会等独立第三方机构来承担。由于委员会和基金会等一般保持客观中立的立场，使其对政府购买公共服务过程中出现的购买双方的契约行为进行公平地监督。同时，在监督的过程中，英国政府也注重引入多方参与的体制机制，特别是服务享有者和家庭可以通过畅通渠道表达自己的利益诉求。由于英国政府购买公共服务信息公开透明度较高，有效消除了信息不对称问题。在这种制度构架下，对识别政府购买公共服务中的风险、及时预防和反馈都发挥了极为重要的作用。另外，为了保证公共服务质量，英国政府设立了服务对象满意度测试。通过对内外部服务供应商所提供的公共服务的价格和质量进行比较之后，选择更有资质的服务供应商。经过市场的实践检

验，英国的政府购买公共服务能够确保实现公共服务供给的高效率和低成本。

在英国，人们一般把为实现公共利益而成立、承担公共服务供给职能的非政府组织称为慈善组织。英国对于非政府组织的监督管理主要由慈善委员会进行。慈善委员会监督行为的法律基础和依据则是《慈善法》。慈善委员会根据非政府组织的不同规模，对其进行分类监管。对于规模相对较小的非政府组织，慈善委员会往往不直接进行监管，而是要求其进行自我监管和委托第三方机构的方式来达到监督的目的。对于规模较大的400个大型社会组织，尤其是承担重要公共服务供给任务的组织，慈善委员会对其进行从登记、注册到财务、合规审查的全流程监管。此外，无论组织规模大小，《慈善法》和慈善委员会都要求在组织运营过程中要做到组织信息和财务信息的及时、准确披露，以保证非政府组织的公开和透明。[①]

（二）英国政府购买公共服务的财政监督

英国是资本主义发展最早的国家，社会生活中的契约意识和法律意识较强，从19世纪初起，便开始建立政府采购方面的法规体系。经过长期不断的完善，其政府购买公共服务的财政监督法规与商业法律、欧盟协定、国际条约等相得益彰，已经形成了系统的法律体系。尤其是在1998年英国出台了《政府与志愿及社区组织合作框架协议》，有效地推动了各级政府与社会组织的合作。在该协议的合作框架内，政府可以将特定的公共资源和公共设施交由社会组织经营，委托其进行公共服务的提供。在这一过程中，社会组织应保持相对于政府的独立性，政府部门可通过政府购买、税收减免等方式，对承担提供公共服务的社会组织进行支持。在这个协议中，要求社会组织应当拥有较为健全的内部制度，要确保政府资源和政府财政资金在使用过程中的公开、透明，以便于政府部门和社会舆论对其进行监督评价。

英国政府购买公共服务的财政监督是在完备的法律体系下，由高度独立的财政监督机构对政府购买公共服务项目的预算编制、执行、决算和供应商行为等，进行全天候、全流程的监督。在财政监督的同时，也注重维护供应商的合法权益，以防止政府部门的过度强势。

---

① 吴文清：《国外非营利组织的发展及启示》，载《商业时代》2006年第9期，第115～116页。

在英国，参与购买服务的中央各部门每年都必须起草公共服务协议(Public Service Agreements)，该协议由财政部批准。[①] 在公共服务协议中要制定公共服务的目的、对象和业绩目标，必须对投资有所回报。它们包括服务目标，并声明谁为实现这些目标负责。[②]

英国对于政府购买公共服务的资金监督，按其运行流程分为资金核准分配（事前)、资金使用（事中）和效果评估（事后）三个阶段。在资金核准分配阶段，英国根据部门预算原则，由财政部门根据已被权力机关批准的预算分配资金，保证其中的审批者和执行者之间相互独立。在资金使用阶段，则主要由财政部门核查资金是否按既定的用途和方式使用，资金的使用部门还要按季度对资金的使用情况进行上报。在项目结束后的效果评估阶段，财政部门主要审核资金支出是否有超支或结余，是否存在贪污、挪用、浪费等现象。[③]

英国政府在 1997 年为全体公共服务部门定下了服务基准，包括详尽介绍服务、遵守约见时间、定期咨询用户、设立投诉机构等。这是政府首次为公共服务制定统一的全国服务水平指标，并把各部门的表现水平公告民众。除了制定统一的全国服务水平指标外，各领域的公共服务部门也积极地完善本行业的服务指标，努力提高服务质量。[④] 公共服务指标的确立，不仅为公共服务机构提供了公共服务内容、确定了质量标准，而且为政府机构与社会公众监督和评价公共服务质量提供了参考依据。

此外，英国的电子政务发展迅速，政府购买服务信息的网络已实现了大范围覆盖。在这个网络中，不仅包含相关法律法规和资质标准，还实时发布各个公共项目的招标、中标信息，实现了利用现代网络实现财政监督的公开和透明。

二、美国的经验

美国公共服务体系的最大特色在于其社会化和市场化力量的高度介入。政府购买服务这一方式源于美国社会福利制度方面的改革，从 20 世纪 60 年代发端至今，对美国社会服务领域产生了深刻的影响。政府的角

---

① 王明、李勇、黄浩明：《英国非营利组织》，社会科学文献出版社 2009 年版，第 217 页。

② 张汝立等：《外国政府购买社会公共服务研究》，社会科学文献出版社 2014 年版，第 24 页。

③ 彭浩：《借鉴发达国家经验推进政府购买公共服务》，载《财政研究》2010 年第 7 期，第 47 ~ 49 页。

④ 张汝立等：《外国政府购买社会公共服务研究》，社会科学文献出版社 2014 年版，第 25 页。

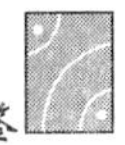

色定位是购买者和评估者，而具体计划的落实、服务的提供则交给非营利组织和私营企业等市场主体来解决。①

（一）美国的政府购买公共服务

作为市场化极高的国家，美国民众和政治家都极其推崇自由市场经济理念。在这种理念的引导下，美国政府将众多面向社会公众的公共服务交由市场主体解决，而政府则主要负责制订计划、引导和监控市场主体执行，因此，政府购买公共服务的市场化程度很高。也就是说，美国政府职能的重点，是制定公共服务项目提供过程中的规则和对各个层面的政府购买服务项目进行整体规划，考虑其长远发展问题，并承担市场监管的职能。

美国政府机构选择合作伙伴时，通常着重考虑两大因素，即是否能实现效率最大化和是否能够保证公平和公民权利。具体做法主要有以下几个方面。

第一，充分引入市场竞争机制。20 世纪 70 年代以后，政府改革运动推动政府购买服务作为一项重要的政策工具广泛应用于美国社会管理的各个领域，自由竞争理念逐渐深入到美国社会福利制度发展的整个进程之中。美国政府通过制定法律，允许各种非营利组织和私人企业进入公共服务外包领域，降低了准入门槛，并将特许经营、合同承包等民营化的服务提供方式，与土地赠予、政府优惠贷款等政策结合起来，在强调市场化供给的同时，加大政府政策扶持力度。

第二，政府购买公共服务的范围广泛。美国政府购买公共服务领域十分广泛，针对性强。其重点领域主要分布在教育、养老、医疗、残疾人等方面。服务的主要项目类型有青少年教育服务、养老居住服务、老人医疗服务、困难家庭儿童医疗服务、残疾人服务、低收入者食品券服务和心理健康服务等。参与政府购买公共服务的服务提供者主要是非营利组织和私营企业。主要的合作方式包括：合同外包或合同出租、凭单制或抵用券制以及补助制度等。

第三，"绩效型"外包成为新趋势。为便于对政府购买公共服务全流程、全环节进行监管，美国成立了专门的绩效考核审查委员会，同时颁布了《政府绩效法》等一系列法律，详细明确了政府购买公共服务的

① 张汝立等：《外国政府购买社会公共服务研究》，社会科学文献出版社 2014 年版，第 30 页。

目标要求，并对量化评估等技术操作层面以及制度化的服务供给实施标准作了充分的说明。绩效审核以节约政府开支、提高服务供给效率为核心。

第四，由于美国政府分权式的体制机制，为保证基层服务项目的合理科学供给，美国联邦政府不断向州政府和地方政府下放政府购买公共服务项目的审批权和财政资金支付权。但是随着市场化改革，引入竞争机制、放松管制的改革举措，并不意味着美国政府对其监管的弱化，相反，将具体工作交给私营部门和非营利组织，反而有助于使政府的监管力量集中到监管之中。

第五，在美国，服务提供者时刻以服务对象的需求为导向，将服务对象的需求满意度作为其工作的重要参照标准。因此，服务对象如对所享受的服务提出反馈意见，就会得到极大的重视。

第六，良好的法治环境保障了美国政府购买公共服务的实施，购买双方可以在行政合同签订的过程中，清晰界定出双方的行动边界，对项目合作前景进行相对合理的预判。

美国的政府购买公共服务风险防范机制是在其成熟的制度条件下构建起来的。一方面，受益于其培育起来的完善的市场机制，非营利组织和社会组织可以有效地承接政府购买服务的相关职能，同时，社会各个相关主体有较强的公民参与意识，形成多元主体共同参与的政府购买公共服务格局；另一方面，其优化的行政运行环境，使政府购买公共服务的信息较为公开透明，能够很大程度上消除信息不对称现象，便于对政府购买公共服务活动进行有效的监督管理和对购买行为进行有效的约束与激励。

在政府购买公共服务的改革过程中，美国对于政府部门有着明确清晰的定位。除少部分最为基本的公共服务仍由联邦政府和各州政府直接提供外，绝大多数公共服务都以市场化机制由企业和非政府组织承担。政府部门只在公共服务的决策和监督过程中发挥作用。

（二）美国政府购买公共服务的财政监督

美国政府大力推行公共服务的市场化供给，并不意味着政府部门放任不管，而是将工作的重点放在计划和监督之上。尤其是财税部门，对政府购买公共服务承担了重要的监督职责。具体表现在以下几个方面。

第一，建立完备的法律体系。美国的政府购买公共服务被纳入政府采

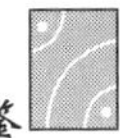

购的范围内。美国的政府采购并非一套独立的法律体系，而是由相关法律中有关政府购买的法律条款和具体规定构成的完备的法律体系。这一法律体系以《美国联邦采购法》为核心，再加上《社会保障法》《老年人福利法》《残疾人教育法》《政府行政服务法》《合同竞争法》《反回扣法案》等一系列相关法律构成。这一系列法律制度，从各个方面规范了政府购买公共服务的行为，也使对于政府购买公共服务的财政监督有了坚实的法律依据，体现了财政监督的法律权威性。

第二，健全监督机构设置。基于美国的行政体系，对政府购买公共服务的监督主要分为联邦和州两个层面。在联邦层面，主要由联邦会计总署和联邦税务局履行财政监督的职责。联邦会计总署隶属于美国国会，有着相对的独立性，根据法律授权，主要对联邦财政支出活动进行监督管理；联邦会计总署可对政府购买公共服务的计划进行评估，对其项目进行审计；联邦会计总署还可以受理供应商对于购买主体的投诉。美国联邦税务局隶属于美国财政部，是税收及税法的执行机关；联邦税务局对参与公共服务供给的免税组织（政府所给予的优惠待遇）进行合规审查，一旦发现问题，联邦税务局会根据情况取消其免税待遇，严重者可以无须经过法院审判便可冻结财产；此外，联邦税务局还通过信息技术手段将每个免税组织的申报材料公布于指定网站，方便社会公众的舆论监督。在州政府层面，更为注重司法角度的监督规制。州的检察机关对社会组织承担公共服务的情况有监督责任，通过合同金额复查和财务审计，确保财政资金和社会捐赠用于指定目的和公共服务项目的财务状况真实可信、公开透明。

第三，规范管理供应商。美国的政府采购和政府购买公共服务管理部门十分重视对供应商的准入及管理。其主要的考评指标，一方面是组织的资本财务情况、技术能力、产品质量等基本方面；另一方面则是其商业诚信度和之前参与政府合作项目的历史记录。在此基础上，通过投标文件详细了解供应商对某类特定公共服务项目的响应度和承接能力，以确定其是否满足提供公共服务的基本要求。

第四，严格服务外包合同管理。在美国，合同外包是政府购买公共服务最常见的方式。在政府确定公共服务的数量和质量要求之后，通过市场竞争，选择最佳的非营利组织或私人企业签订服务外包合同，由其承包该项公共服务。为严格规范合同管理，服务外包合同通常包括比较正式的招标与评标程序、服务产出规格、服务标准、直接成本和间接成本等，政府部门日后将根据服务承包合同内容进行监督，并对成果进行问责。

第五，激励与惩罚相结合。美国政府虽然没有完整制定鼓励非营利组织参与政府购买公共服务的系统性激励措施，但是规定那些参与了相关公共服务项目提供的非营利组织能够享受免交所得税的优惠待遇。同时，美国国内税务局审计人员会通过多种途径和方式，评估非营利组织的财务活动，一旦发现有违反法律规定的情况，将视情节轻重予以处罚。其中最严厉的处罚是取消其慈善免税的资格。如果非营利组织愿意纠正错误的话，则采用罚金方式予以惩罚。

三、德国的经验

德国是世界上社会保障水平最高、社保制度最完善的国家之一。第二次世界大战结束后，联邦德国经济持续高速增长，为增加社会福利开支以及福利国家制度的发展和完善提供了物质基础。社会保障和福利作为国家的基本制度安排，被写入了《基本法》（又称《波恩宪法》，1949 年 5 月 23 日颁行）。依据《基本法》，联邦德国建立了包括医疗保险基、养老保险、失业保险、事故保险以及各种国家补贴在内的社会福利体系。福利国家的建成，为民众提供了全方位、高水平的社会安全网络，而社会公共服务是社会保障制度的重要组成部分。20 世纪 80 年代以后，德国面临着人口老龄化、经济增速放缓等问题。为了应对挑战，德国政府开始对社会公共服务体系进行改革。受到德国“社团主义”传统和 20 世纪 80 年代新公共管理运动的影响，德国的政府购买公共服务在比较广泛的范围开展起来。

（一）德国的政府购买公共服务

德国首先从宪法层面对政府购买公共服务的范围做出规定，在老人服务、医疗卫生服务、儿童服务、就业服务、住房保障等诸多领域都可以进行政府购买公共服务。为了规范政府购买，德国已经形成一条完整的社会公共服务购买体制，通过招投标来宣布政府在某一阶段对特定物品和服务的要求，经过严格的程序审核决定购买某些机构提供的服务。德国的政府购买公共服务在老人服务、医疗卫生服务、儿童服务、就业服务、住房保障等诸多领域均有所体现，由《社会保障法》和《社会安全法》统一规定政府购买的基本运行机制。①

在市场化改革方面，德国也较为审慎，其所遵从的市场实验手段可以对服务购买效果作出合理的预判，从而在市场化程度较高的领域推行政府购买公共服务。此外，在承接组织方面，德国的非营利组织一直占据着主导地位。在传统的“社团主义”和新公共管理运动等理论的共同影响下，德国的政府部门与非政府组织在国家建设方面实现了广泛的社会合作，很多社会公共服务已经由各级政府向公众提供转而由非政府组织提供。在政府与非政府组织合作时，德国坚持的基本原则是“补助原则”，即只有在没有其他社会组织提供公共服务时，政府才能自己提供，否则主要由社会组织坚持民主与自治原则负责提供社会公共服务。②

德国政府购买社会公共服务采用大规模分类财政补贴的方式。服务的主要提供方是社会组织和服务型企业。在政府财政支付的服务费用上，分为直接给付和间接给付两种方式。直接给付是指非政府组织与政府签订合同来提供服务，政府通过“合同”及“公开招投标”等方式将公共服务外包给各非营利组织或服务企业；间接给付则是通过政府给予津贴、“代币券”等方法将公共服务购买资金发放到需要接受对应服务的服务对象手中，由服务对象根据自己的选择确定服务供给方。与直接给付相比，间接给付方式更接近于市场竞争，它使得各类公共服务直接面向服务对象，服务对象根据自身的需要和服务供应商的服务质量、口碑等自由选择，促使公共服务供应商在面对服务消费者（服务对象群体）时开展竞争，从而提高公共服务的质量和水平。

（二）德国的政府购买公共服务风险防控

德国在政府购买公共服务方面比较谨慎，比较重视对风险的防控。德国的主要做法有以下几个方面。

第一，强调政府监督责任。德国政府成立的专门机构，负责各类社会保险的立法、政策制定、监督、管理，并与社会团体充分合作。在具体的政府购买公共服务项目监督中，政府的监督主要体现在制定公共服务提供的原则和标准、建立服务质量管理体系、由专业评估机构根据评级标准评

① 张汝立等：《外国政府购买社会公共服务研究》，社会科学文献出版社 2014 年版，第 109 页。

② 张汝立等：《外国政府购买社会公共服务研究》，社会科学文献出版社 2014 年版，第 112 页。

价服务对象应享受的服务等级、进行调查评估并将结果反馈给服务机构以帮助其改进服务等。

第二，在政府购买公共服务活动中引入绩效管理，在提高管理能力的同时，突出服务理念。通过绩效评估给公共服务供给方带来竞争压力，迫使他们持续改进服务的供给活动。

第三，在公共服务市场化改革过程中，德国一直持审慎的态度，对哪些服务供给领域需要引入市场机制，德国人事前都需进行试点检验。通过检验，德国政府购买公共服务市场出现分化，市场化水平较高的仅是那些提供常规基础设施建设及基层服务的领域，而政府保留了部分项目让公共部门和私人市场进行平等竞争。通过这种方式，极大地便利了政府对购买公共服务风险的控制。

第四，德国注重培育第三方部门和组织，一些高风险的政府购买服务项目交由这些组织处理，以便于政府对其合理引导和进行规范化管理。与此同时，德国政府也比较注重在购买公共服务过程中的政府责任，通过履行政府责任，防范风险，保障公共服务供给的公平和效率。

第五，德国政府在提供公共服务时，一般将政府职能限制在为社会公共服务体系立法和出台的政策进行宏观指导，对由公共财政支付的政府购买公共服务项目，严格按照法律来监督财政资金的使用。

第六，直接和间接两种资金给付方式，使政府财政资金管理的方式有所不同。在直接支付方式下，政府财政要通过合同管理、预算、责任、服务的产出导向对控制和质量管理等方面进行监督管理；而间接给付方式则无需政府与服务供应商签订公共服务合同，直接依靠公共服务的消费者自主选择，借助市场的力量使服务供应商之间展开竞争。

四、日本的经验

20 世纪 90 年代，日本政府为了减轻经济萧条和财政危机的压力，以建立“小而有效的政府”为目标，进行了大刀阔斧的政府改革，重新界定了一般性政府机构的行政管理范围和职权范围，大幅度削减政府的一般性管理权力，努力减少政府对经济社会的过多干预和制约，通过政府购买公共服务，建立了新型的政府和民间部门关系。经过多年的改革，目前，日本已经形成了一套比较完备的政府购买公共服务的法律法规体系，政府购买公共服务的契约化程度较高，对社会组织的监督和评

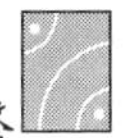

价也日趋合理。

（一）日本的政府购买公共服务

日本行政改革的理念是：民间能做的事让民间做，地方能做的事让地方做，实现“由官向民”的转变，放权于民，建立精干、高效的政府组织体系。[①] 通过政府购买公共服务，加强政府对市场的主导作用，转变政府职能，把承担公共服务职能的事业机构从行政组织体系中剥离出来，改为具有自主管理、自主经营、自我发展的“独立行政法人”，在政府的资金支持下独立开展服务。

日本的政府采购制度的开始时间比较早，相关的法律法规比较健全，拥有《会计法》《地方自治法》《预算决算与账目公开条例》《合同式商业交易法规》《关于政府采购货物或特定服务特别程序的命令》及实施细则等，为政府购买公共服务政策的推动打下了良好的法律基础。为保障市场化实验的效果，日本政府又推出了《关于导入竞争机制改革公共服务的法律》，使其成为政府购买公共服务的专门法律，不仅明确了公共服务改革的基本方针，而且进一步坚实了政府购买公共服务的法律基础。

日本的政府购买公共服务以社会福利领域为突破口，逐步把国家福利权利转让给地方政府，之后又把发展民间福利服务放到重要的位置。目前，日本已经形成了由国家、地方政府、民间福利团体和市民共同参与的多元化社会福利网络体系。在这个体系中，国家始终承担着社会福利的主要责任，负责社会福利的整体规划、实施及监督。地方政府是国家福利服务的重要补充，可以根据地方的财政水平和福利需求，自行制定福利计划和开展自主福利活动，民间社会福利团体是社会福利运作的主要力量。[②]

日本的政府购买公共服务的主要方式是政府委托和招标两种形式。通过这两种方式资助社会组织经营和管理社会福利设施，向公众提供包括养老、残疾人、就业、儿童福利等的公共服务，涉及公共就业相关领域、社会保险相关领域和刑罚设施相关领域、社会统计调查项目、大学教育相关领域等。

---

① 张汝立等：《外国政府购买社会公共服务研究》，社会科学文献出版社 2014 年版，第 131 页。

② 张汝立等：《外国政府购买社会公共服务研究》，社会科学文献出版社 2014 年版，第 134 页。

（二）日本政府购买公共服务的风险防控机制

第一，日本在政府购买公共服务方面与欧美国家的做法相似的是，都制定了一系列的法律法规作为相关法律依据，尤其是在2006年专门针对政府购买公共服务制定了《关于导入竞争机制改革公共服务的法律》。这部法律的颁布和实施，不但明确了公共服务改革的目标和意义，还规范了官民竞争投标的程序，包括参加竞争投标者的资格、招募及确定等事项，规定了中标的民间部门实施公共服务的必要措施，以及合同的签订、解除与实施过程中的监督事项等。不仅使政府购买公共服务活动有了规范的流程要求，而且也使得对购买活动的全部过程进行的监督有了明确的法律依据，为政府购买公共服务的风险防范奠定了坚实的法律基础。

第二，日本的政府购买公共服务制度与其他欧美国家不同，其是在政府规制改革中“市场化实验”的产物。日本的政府购买公共服务并不是将公共服务供给推向市场，政府没有从公共服务事务中完全脱身，仍然在其中起着重要的主导作用。通过继续投入财力和支持社会公共服务事业，在引入市场成分的同时，政府仍然保留了较强的干预能力。如果发现一个购买公共服务失败了，政府就可以将其关闭。

第三，日本政府购买公共服务采用的是政府主导管理型模式，将准入制度、服务标准、服务评估等作为对提供公共服务社会组织的监管手段，通过对社会组织的事前评价和服务完成后的事后评价，促使社会组织提升公共服务能力和质量。

第二节　国内做法比较

发达国家购买公共服务的规模化发展，主要得益于相对健全的法律制度和较为发达的公民社会。[①] 我国学者对政府购买公共服务的理论研究起步较晚，但随着政府行政体制改革进程的加快，近年来，政府购买公共服务的实践如火如荼，发达国家的经验逐渐被我国越来越多的地方借鉴并推广。

---

① 郑卫东：《城市社区建设中的政府购买公共服务探讨——以上海市为例》，载《广东行政学院学报》2011年第1期，第24～29页。

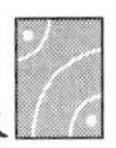

一、各地政府购买服务制度

2012 年 5 月 24 日，广东省人民政府办公厅最先发布了《政府向社会组织购买服务暂行办法》，制定了政府购买公共服务的指导思想、基本原则、购买主体、购买范围、购买服务目录、供应方条件、程序与方式、资金安排及支付、组织保障等相关要求，基本涵盖了政府购买公共服务的各个方面，为其他各省级政府制定的实施意见和管理办法提供了参考。2013 年 9 月 26 日，《国务院办公厅关于政府向社会力量购买服务的指导意见》明确提出，在公共性和公益性突出的公共服务领域，政府要加大购买服务力度。2014 年 12 月 15 日，财政部、民政部和工商总局联合颁布了《政府购买服务管理办法（暂行）》，进一步指导和规范了政府的购买行为。

近年，各省政府陆续颁布了政府购买服务的相关文件。本书统计了全国 31 个省级政府（不含港澳台）发布的相关文件，提炼了文件的主要内容及亮点，试图从风险防控的角度探求了政府购买公共服务的国内经验。如表 5 - 1 所示。

表 5 - 1　　　　省级政府购买服务相关文件汇总

序号	时间	地区	文件	主要内容及亮点
1	2013 年 12 月 29 日	安徽	《安徽省人民政府办公厅关于政府向社会力量购买服务的实施意见》	厘清政府公共服务职能，科学界定政府购买服务内容，明确政府购买服务主体，实行目录管理，规范操作流程，强化预算管理和绩效管理，加强过程监管和信息公开，培育壮大社会力量，建立健全社会力量优胜劣汰机制，明确各部门职能分工
2	2014 年 1 月 27 日	河北	《河北省人民政府办公厅关于政府向社会力量购买服务的实施意见》	提出了政府购买服务的基本原则和目标任务，明确了购买主体、承接主体、购买内容、购买程序，强调保障措施的健全。 将购买内容细化为 17 个领域，主要包括教育服务、就业服务、医疗卫生、社会保障、社会服务、住房保障、残疾人服务、文化体育、交通运输、公共安全、消费安全、资源环境、城乡社区公共设施、技术服务、经济服务、行业协会管理和事务性管理服务等领域

续表

序号	时间	地区	文件	主要内容及亮点
3	2014 年 1 月 27 日	湖北	《关于政府向社会力量购买服务的实施意见(试行)》	正确把握政府购买服务的总体方向，明确基本原则和目标任务，规范界定购买主体、承接主体、购买内容、购买机制、资金管理，政府部门要加强组织领导、健全工作机制、严格监督管理、做好宣传引导。 其中，健全购买机制，从公布目录、信息发布、政府采购、项目实施、检查验收和绩效评价这六个环节入手，实现对政府购买服务全过程、综合性的监督和评审，规范有序地开展购买服务工作
4	2014 年 2 月 13 日	天津	《天津市关于政府向社会力量购买服务管理办法》	规定政府购买服务的主体和内容，明确购买程序，统筹资金管理，协调工作分工，严格监督检查。 在资金管理方面，以财政资金为引导，建立项目申报、项目评审、预算编报、组织采购、过程监控、绩效评价的规范化流程，以专项资金、以奖代补、组织公益创投、开展专业辅导、建设孵化园等形式加强对社会服务机构的培育扶持
5	2014 年 2 月 22 日	吉林	《吉林省人民政府办公厅关于政府向社会力量购买服务的实施意见》	充分认识政府向社会力量购买服务的重要性，把握政府购买服务的指导思想、基本原则和目标任务，明确购买主体、承接主体和购买内容，健全购买机制，统筹资金管理，加强绩效管理，政府部门要加强组织领导、健全工作机制、严格监督管理、做好宣传引导
6	2014 年 4 月 8 日	广西	《广西壮族自治区人民政府办公厅关于政府购买服务的实施意见》	明确开展政府购买服务的总体要求，厘清购买主体和供给主体，规范购买内容和程序，加强资金管理，协力开展工作。 按照“一年探索试点、两年提升扩面、三年全面推广”的步骤积极、稳步地推进购买工作，对绩效目标的实现程度、资金使用、服务质量、协作状况等实行严格绩效考核，建立政府购买服务退出机制，对弄虚作假、资质瑕疵、冒领财政资金的供给主体予以严厉处分和处罚

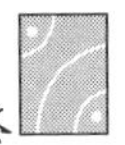

续表

序号	时间	地区	文件	主要内容及亮点
7	2014年5月4日	甘肃	《甘肃省人民政府办公厅关于政府向社会力量购买服务的实施意见》	明确政府购买服务的目标任务和基本原则，确定购买主体、承接主体、购买范围、购买程序、资金管理、绩效管理，加强组织保障。 严格遵循编制计划、公示信息、确定方式、签订合同、组织实施等程序，政府购买服务的种类、性质和内容需要根据经济社会发展变化、政府职能转变和公众需求情况及时进行动态调整
8	2014年5月12日	青海	《政府向社会力量购买公共服务实施办法》	规定政府购买服务的主体和范围、程序和方式，建立健全政府购买服务预算管理体系，完善组织保障，明确各部门职责分工，严格绩效管理，加强项目管理。 原则上可采用以下四种方式购买公共服务，分别是购买服务项目、购买服务岗位、公建民营和民办公助，并明确每种方式的具体含义和适用对象
9	2014年5月14日	宁夏	《宁夏回族自治区关于推进政府购买服务工作的指导意见》《政府向社会力量购买服务暂行办法》	充分认识政府购买服务的重要性，正确把握政府购买服务的总体要求，规范有序开展政府购买服务工作。强化服务管理，形成多元参与、公平竞争的格局；界定拓展范围，扩大购买规模；规范操作行为，促进购买活动实现制度化，深化管理改革，强调公共财政的调控作用；提高财政资金和公共资源的使用效益
10	2014年5月16日	山西	《山西省政府购买服务暂行办法》	明确政府购买服务的购买主体、承接主体、内容、资金管理、方式和程序、绩效评审和监督检查。 承接主体应当符合有关政事分开、政社分开、政企分开的要求，鼓励中小微企业积极参与政府购买服务活动
11	2014年6月5日	浙江	《浙江省人民政府办公厅关于政府向社会力量购买服务的实施意见》	提出了政府购买服务的总体要求和目标任务，厘清了购买主体和承接主体，明确了购买内容和目录，规范了购买流程和方式，强调了资金管理和信息公开，完善了组织保障。 为加快推进政府购买服务工作，浙江省人民政府办公厅建立了政府购买服务工作联席会议制度。联席会议由省财政厅牵头，包括省委、省人大常委会、省政府、省政协办公厅等23个部门和单位，办公室设在省财政厅，承担日常工作，主要职责是研究拟定重大政策措施和目标任务，督促检查各地、各部门相关落实情况，协调难点问题，研究确定年度工作要点和阶段性工作计划等

续表

序号	时间	地区	文件	主要内容及亮点
12	2014 年 6 月 6 日	北京	《北京市人民政府办公厅关于政府向社会力量购买服务的实施意见》	规划了政府购买服务的总体思路，明确了购买内容、购买主体、承接主体、购买程序、预算管理和绩效管理，健全了保障措施
13	2014 年 6 月 16 日	黑龙江	《黑龙江省人民政府办公厅关于政府向社会力量购买服务的实施意见》	建立由购买主体、承接主体、购买内容、组织实施、资金管理和绩效评审组成的政府购买服务机制。各级政府要积极指导社会组织的培育和发展，在政策、资金、人才等方面大力扶持
14	2014 年 6 月 20 日	海南	《海南省政府购买服务实施办法（暂行）》	确定购买主体、承接主体和购买内容，规范购买程序和方式，严格资金管理，建立健全绩效评价体系，完善监督管理。 购买主体应立足项目特点，既要确保服务的优质高效，又要考虑承接主体的运营成本及预期回报，科学测算、合理安排购买资金
15	2014 年 6 月 28 日	湖南	《湖南省人民政府关于推进政府购买服务工作的实施意见》《省级部门政府购买服务工作基本流程（试行）》	确定购买主体、购买内容、承接主体，完善购买程序，推进绩效评价，统筹资金安排，加强组织领导，明确职责分工，严格监督管理。 购买主体应会同财政部门，围绕购买服务流程、招投标管理、专业方法、质量控制、监督管理、需求评估、成本核算、绩效考核、能力建设等环节，做好相关标准研制，逐步建立科学合理、协调配套的购买服务标准体系
16	2014 年 7 月 2 日	广东	《广东省政府向社会力量购买服务暂行办法》《政府向社会组织购买服务暂行办法》（已废止）	与原《政府向社会组织购买服务暂行办法》相比，新办法强调了政府购买行为要遵循稳妥有序、探索创新的原则，并在购买方式和购买程序方面进行了补充。政府主要采取服务外包、补助或奖励等方式，按照制订购买计划、实施购买服务、严格合同管理三个步骤有序开展购买工作

续表

序号	时间	地区	文件	主要内容及亮点
17	2014年8月5日	江西	《江西省人民政府办公厅关于政府向社会力量购买服务的实施意见》	明确购买主体，规范承接主体，界定购买内容，制定购买目录，规范购买程序，发展壮大社会力量，加强政府购买服务工作的组织领导。 从转变政府职能、培育壮大社会力量、建立优胜劣汰机制和鼓励事业单位转制四个方面着手，重点培育和优先发展行业协会商会类、科技类、公益慈善类、城乡社区服务类的社会组织，从而提供高效优质的公共服务
18	2014年10月15日	陕西	《政府向社会力量购买服务暂行办法》《陕西省人民政府办公厅关于政府向社会力量购买服务的实施意见》	明确购买主体、承接主体、购买内容，统筹购买资金，简便购买程序，推进绩效管理，强化监督管理。 政府购买服务要建立规范化的购买流程，如项目申报、项目评审、资质审核、组织采购、合同签订、项目监管、绩效评估、经费兑付等，根据购买内容的市场发育程度和服务供给特点等因素采取公开招标、邀请招标、竞争性谈判、询价、单一来源采购、委托、承包、特许经营、战略合作、大额项目分包、新增项目另授等方式，获得3A以上评估等级的社会组织可优先获得政府购买服务
19	2014年10月31日	贵州	《贵州省人民政府办公厅关于政府向社会力量购买服务的实施意见》	明确购买主体、承接主体、购买内容、购买程序、资金管理和绩效管理，加强组织领导、协调配合、监督管理和舆论宣传。 各地应充分调研政府购买服务项目的定位和特点，采用多元方式灵活地开展购买工作，购买合同的金额、数量、期限均可调整
20	2014年11月25日	新疆	《关于政府向社会力量购买服务的实施意见》	规定了政府购买服务的主要内容，强调了组织保障与监督。提出政府购买服务要建立优胜劣汰的动态调整机制，强化绩效理念，坚持精打细算，盘活资金存量，优化支出结构，建立健全项目申报、预算编报、组织采购、项目监管、绩效评价的规范化流程
21	2014年12月2日	河南	《河南省人民政府办公厅关于推进政府向社会力量购买服务工作的实施意见》	明确政府购买公共服务的主体和内容，建立健全规范化的购买程序，统筹考虑资金管理，建立综合性绩效评审机制。 充分发挥政府主导作用，明确部门职责分工，建立协调配合机制，实现监督日常化，健全科学评估制度体系，逐步建立多方参与的长效机制

续表

序号	时间	地区	文件	主要内容及亮点
22	2014 年 12 月 12 日	重庆	《重庆市政府购买服务暂行办法》	厘清了政府购买服务的基本要素，确定购买程序和方式，强化预算管理，改进保障与监督。 政府应坚持全过程预算绩效管理，在实施购买前要充分准备购买服务的前置条件，不仅要考虑服务对象的实际需求、第三方的建议和意见，而且要认真制定相关标准；在实施过程中，应跟进项目运行，确保及时准确地获得项目进展情况；项目结束后，应按照先前制定的考核标准对服务质量、目标的实现程度、资金的管理与使用进行评估，并向公众公开
23	2015 年 2 月 10 日	西藏	《西藏自治区人民政府办公厅关于政府向社会力量购买服务的实施意见》	明确购买主体、承接主体、购买内容，规范购买方式和程序，统筹购买资金。在保障措施方面，建立工作机制，明确工作职责，提升政府购买服务能力，扶持承接主体规模发展，加强绩效评价制度建设，加大监督检查力度，加强政府购买服务宣传。 加强政府购买服务宣传，依托信息网络技术，对政府购买公共服务进行全面改进，进一步提高政府购买服务的效率和质量。同时，政府要定期组织、举办公益创投等活动，为购买主体、承接主体交流经验和信息共享创造条件
24	2015 年 3 月 4 日	福建	《福建省政府购买服务实施办法（暂行）》《福建省人民政府关于推进政府购买服务的实施意见》	明确购买主体、承接主体、购买内容，制定购买目录，规范购买程序，落实资金安排，完善绩效评审，强化监督管理。 政府应在自我监督的基础上主动接受社会监督，回应公众关切，推进信息公开，提高购买透明度
25	2015 年 5 月 23 日	上海	《上海市政府购买服务管理办法》	政府购买服务遵循“政府采购、合同管理、绩效评价、信息公开”的原则，规定了购买主体、承接主体应具备的条件，厘清购买内容，明确提供“负面清单”，细化不得向社会力量购买服务的内容事项，包括国家安全、保密事项、司法审判、行政相关、市场监管等 17 项，规范预算管理，严格合同管理和绩效评价，强调信息公开，健全监督机制

续表

序号	时间	地区	文件	主要内容及亮点
26	2015年7月30日	江苏	《政府向社会组织购买服务实施办法》《省级政府购买公共服务改革暂行办法》《关于推进政府购买公共服务工作的指导意见》	与《省级政府购买公共服务改革暂行办法》相比，新《办法》对合同管理提出了严格的要求，细化了合同内容，强调合同条款对购买主体和承接主体双方权利义务的制约
27	2015年8月18日	云南	《云南省人民政府办公厅关于政府向社会力量购买服务的实施意见》《云南省县级以上政府向社会组织购买服务暂行办法》	明确购买主体和承接主体资格，科学界定购买内容，规范购买操作流程，强化项目监督管理，加强组织领导，健全工作机制，严格监督管理，强化宣传引导。 科学界定购买内容，回应社会需求，有机结合“政府配餐”和“市场点餐”。规范购买操作流程，强化项目监督管理，形成统一有效的购买服务平台、工作机制和监督评审机制
28	2015年12月3日	山东	《山东省政府购买服务管理实施办法》《政府向社会力量购买服务办法》	明确了购买主体和承接主体的资格，界定了购买内容，严格预算管理，规范购买程序和方式，完善合同管理，健全绩效评价和监督管理，强调信息公开。 在信息公开方面，购买主体应及时将购买项目公告、购买结果公告通过相关门户网站向社会公开，内容包括项目名称、项目要求、项目预算、评审标准、承接主体条件等
29	2015年12月8日	辽宁	《辽宁省政府购买服务暂行办法》《辽宁省人民政府办公厅关于推进政府向社会力量购买服务工作的实施意见》	坚持政府购买服务的基本原则，科学制定工作目标，明确购买主体、承接主体、购买内容、购买资金、购买程序和绩效管理，发挥政府组织领导的能力。 整体规划政府购买工作，建立长期目标，2014年开展试点工作，“十二五”末拓展购买范围，健全平台和机制建设；到2020年，力争大幅提高公共服务水平和质量，较好地培育和发展社会组织

续表

序号	时间	地区	文件	主要内容及亮点
30	2015 年 12 月 15 日	四川	《四川省政府购买服务管理办法（暂行）》《四川省人民政府办公厅关于推进政府向社会力量购买服务工作的意见》	把握政府购买服务的总体要求，明确购买主体和承接主体资格，购买内容突出公共性和公益性，健全购买机制，严格资金管理和绩效评价。 政府购买服务应按照编制备案政府采购计划、公告购买信息、确定承接主体、签订购买合同、加强履约验收管理等步骤严格执行
31	2015 年 12 月 31 日	内蒙古	《内蒙古自治区政府向社会力量购买服务管理办法》《内蒙古自治区人民政府办公厅关于政府向社会力量购买服务的实施意见》	厘清了购买主体和承接主体的资质和条件，明确了购买内容及指导目录，提出了“方式灵活、程序简便”的购买要求。购买主体应合理编报购买计划，科学界定购买内容，根据服务项目的需求特点采取多种购买形式，明确购买服务的资金规模和来源，健全绩效评价指标体系，形成综合性评审机制

资料来源：根据各省级政府购买服务相关文件及内容整理而成。

二、国内部分地区特色做法

从主要内容看，各省对政府购买公共服务制定的实施意见和管理办法基本类似。本书选取了其中具有特色的部分进行概括整理，以期为构建以风险管理为导向的政府购买公共服务的财政监督机制提供一些有益的思路。

（一）购买内容逐步细化

例如，河北省将购买内容细化为 17 个领域，主要包括教育服务、就业服务、医疗卫生、社会保障、社会服务、住房保障、残疾人服务、文化体育、交通运输、公共安全、消费安全、资源环境、城乡社区公共设施、技术服务、经济服务、行业协会管理和事务性管理服务等，每个领域又延展至不同的具体事项，如表 5－2 所示。

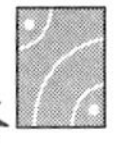

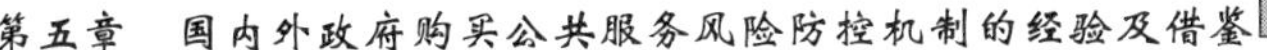

表 5－2　　河北省政府购买公共服务的内容

序号	领域	具体事项
1	教育服务	非公办普惠性学前教育
		公共教育基础设施管理与维护
		公共教育质量成果评估
2	就业服务	公共就业规划和政策研究、咨询服务
		公共就业信息的收集与统计分析
		劳动职业技能培训
		购买公益岗位
3	医疗卫生	公共医疗卫生规划、政策研究、标准制定、咨询等服务
		公共医疗卫生信息采集、发布等辅助性服务
		健康教育、儿童保健、孕产妇保健等基本公共卫生服务
4	社会保障	社会保险经办代理服务
		社会保障社会化管理
5	社会服务	社区管理
		养老服务
		社会救助
		退役士兵职业教育和技能培训
		社会服务人才培训
		社会福利服务
		人民调解
		社区矫正
6	住房保障	保障性住房后期运营、维护与物业管理
		保障性住房对象资格信息采集、公示、管理
7	残疾人服务	助残公益项目设施的管理与维护
		残疾人职业职能培训、就业指导、咨询、职业介绍等
		公益助残活动

续表

序号	领域	具体事项
8	文化体育	公共文化体育基础设施的管理与维护
		群众性文化体育活动的组织与实施
		公益文艺演出、电影放映等服务
		国民体质监测及指导服务
		群众健身活动普及推广
		群众科学技术普及推广
9	交通运输	交通运输规划和政策研究、咨询服务
		交通运输人才培训
		重点物资和紧急客货运输服务
10	公共安全	公共安全知识科学普及
		交通违法信息审核的辅助工作
11	消费安全	消费安全知识的科学普及、咨询等服务
		消费安全维权服务
12	资源环境	资源节约、环境质量信息收集及分析
		资源节约、环境保护、科学普及和成果推广
		资源环境评估
13	城乡社区公共设施	环境卫生服务
		园林绿化服务
		市政公共设施的建设维护与管理
		燃气、暖气供应及设施维护与管理
14	技术服务	检疫、检测、评估等
15	经济服务	金融服务、法律服务、咨询服务等
16	行业协会管理	行业协会统计、调查与研究
		行业监测、评估
17	事务性管理	出版印刷服务
		网络信息技术服务
		建筑、设备维修服务
		物业管理

资料来源：根据《河北省人民政府办公厅关于政府向社会力量购买服务的实施意见》整理而得。

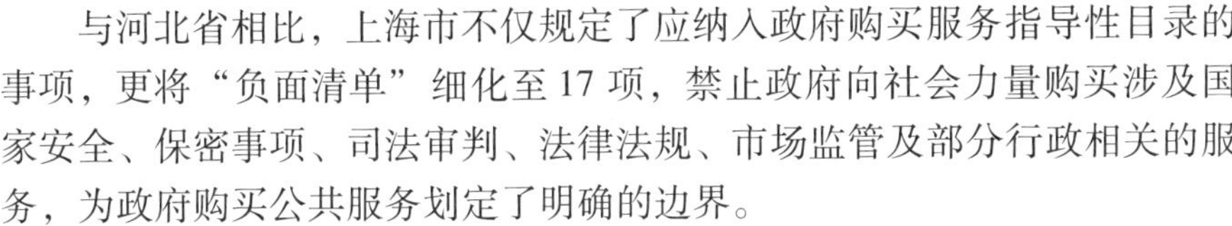

与河北省相比，上海市不仅规定了应纳入政府购买服务指导性目录的事项，更将“负面清单”细化至 17 项，禁止政府向社会力量购买涉及国家安全、保密事项、司法审判、法律法规、市场监管及部分行政相关的服务，为政府购买公共服务划定了明确的边界。

购买内容的逐步细化，不仅能够指导各地的政府购买公共服务实践，更使政府的公共服务购买范围变得更加清楚，政府购买公共服务主体的责任边界逐渐清晰，购买决策更加科学合理，这就为确定购买主体责任、防范公共服务购买的决策越界或失责风险提供了明确的依据，也为强化财政监督、构建财政监督机制提供了政策依据，大大降低了政府购买公共服务项目的决策风险。

（二）购买方式力图多样

从购买方式看，青海省和陕西省的做法值得借鉴。针对不同的适用对象，青海省确定了购买服务项目、购买服务岗位、公建民营和民办公助四种购买服务的方式，如表 5－3 所示，并详细解释了每种方式的具体含义，使地方政府购买公共服务的实践有章可循。

表 5－3　青海省政府购买公共服务的方式

方式	含义	适用对象
购买服务项目	购买方制定公共项目服务包，以服务外包方式向承接主体购买公共服务	主要由政府负担费用的公共服务项目，如农村“五保”对象，城市“三无”人员的供养，公共就业服务等
购买服务岗位	由购买方根据服务项目的实际需求和承接主体的合理预期收入，设立一定的薪酬标准，向承接主体购买公共服务岗位	对特定服务对象提供专业化、个性化、标准化的服务，如残疾人康复、不良行为人员心理疏导和行为矫正、无自理能力人员特护服务等
公建民营	购买方为承接主体提供开展特定公共服务的场所和机构	基本公共教育、社会化养老服务、残疾人机构托养等
民办公助	购买方通过相关财政或税收政策，以多种形式支持承接主体降低特定公共服务的产品价格，鼓励公众消费	学前教育、社区服务、社会化养老服务、文化体育休闲、公共管理服务等

资料来源：根据《政府向社会力量购买公共服务实施办法》整理而得。

与青海省不同，根据购买内容的服务供给特点，综合其市场发育程度，陕西省提出了公开招标、邀请招标、竞争性谈判、询价、单一来源采购、委托、承包、特许经营、战略合作、大额项目分包、新增项目另授等多种措施，力图激发市场的积极性，实现购买方式的灵活化和多元化。

在实践中，当每一种政府购买公共服务项目的适用对象和购买方式被赋予明确的定义和适用范围时，政府购买公共服务项目的实际操作就变得有章可循，就可以据此减少和降低因概念不清、适用对象含糊、购买方式混乱所带来的制度运行风险，同时也为加强财政监督提供了具体而可靠的操作依据。

（三）注重购买程序规则制定

许多省级政府在实施办法中强调购买程序的重要性，如湖南省、贵州省、河南省、福建省、陕西省等。各省的购买程序基本分为三个阶段。

第一阶段是实施购买前，财政部门会同有关部门，按照本地区的公众需求，制定详细的政府购买公共服务的指导性目录，购买主体根据实际情况编制购买公共服务的计划，经财政部门审核后确定项目。

第二阶段是项目审核确定后，购买主体应在相关门户网站及其他渠道，及时向社会公开项目的名称、内容、要求、预算和承接主体的资质条件等，采用多元方式选择承接主体，与其签订购买合同，并及时报同级财政部门备案。

第三阶段是在合同履行过程中，购买主体要严格履约管理，对项目进行全过程监督，保证服务高质高效，在项目检查验收合格后进行资金支付。

规范、简便的购买程序会大大增加政府购买公共服务的可操作性，便于各级政府和相关购买主体按照规定的购买公共服务流程开展实际工作，从而有利于降低项目的主体风险。

（四）建立政府购买公共服务的工作机制

一些省在实施办法中强调了建立健全购买机制的重要性。例如，为促进各地、各部门推进政府购买服务工作，浙江省建立了政府购买服务工作联席会议制度。联席会议由省财政厅牵头，省委、省人大常委会、省政协办公厅等23个部门和单位组成，负责制定政府购买服务的战略规划、分析并解决政策落实中的困难、督促检查任务完成情况等。联席会议在省财政厅设立日常工作办公室，不定期组织召开专题会议，开展联合调研，及时发现问题、总结经验。为提高风险控制水平，江苏省在《政府向社会组织购买服务实施办法》中提到，购买主体应建立应急工作机制。科学、系统的应急工作机制有利于保障政府购买公共服务的稳步推进，实现对突发事件的预防和应对。但仅有应急工作机制是远远不够的，政府购买公共服务需要动态的风险管理机制，对常态和非常态管理进行统筹把控，逐步引导各地、各部门、各购买主体树立风险防范意识，排查风险隐患。

良好的公共服务购买工作机制是降低政府购买公共服务风险的重要制度保障，而这需要政府各职能部门之间的协调配合，既要各负其责，又要相互衔接。单靠财政部门一家很难完成有效的监督管理，必须依靠各级政府及各个部门的通力合作。因此，在研究以风险管理为导向的政府购买公共服务财政监督机制时，还要重视配套政策问题，特别是政府购买公共服务监督管理体制的构建。

第三节 国际经验启示与国内做法评价

综合以上可以看到，西方主要国家在政府购买公共服务发展中都十分重视监管问题，以防范风险。事实上，直到目前，政府购买公共服务改革依然是世界各国都在探索的一个重要课题，如何防范购买过程中的各类风险，各国给出了不同的答案，这对于我国防范政府购买公共服务风险提供了重要的参考经验。但是，构建我国的政府购买公共服务风险防控机制，最为关键的还是要在借鉴世界各国先进经验的基础上，从自身国情实际出发进行研究和探索。

一、国外政府购买公共服务财政监督的启示

从前述国外政府购买公共服务财政监督的经验，我们可以获得以下启示。

（一）财政监督必须坚持法制化并具有权威性

英美等发达国家的公共服务领域市场化程度较高，法制化特征明显。其财政监督往往由国会、议会等权力机关授权并立法，予以充分的制度保

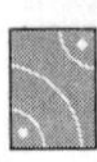

障，极大地增强了财政监督的法制性和权威性。我国现有的法律法规，虽然已经将政府购买公共服务纳入其中，但只是一些原则规定，缺乏针对性强、操作性强的具体条款或实施细则，使得政府购买公共服务的财政监督缺少明确的法律和制度依据，对防范制度运行风险十分不利。因此，要创新我国政府购买公共服务的财政监督机制，应从我国国情出发，进一步健全专门的政府购买公共服务的法律法规体系，完善相关制度的规定，明确除了实现政府职能转变、推动政府与社会合作、促进公共服务质量效益不断提高等之外，防范各类风险也是加强财政监督的重要目的之一，继而从根本上提高财政监督的权威性。

（二）全过程财政监督有利于防范风险

西方国家政府购买公共服务监督的高度法制化和权威性，能够更加明确各级财政监督主体的职责和地位。议会、财政部门、审计部门、社会组织、行业协会和社会公众等各司其职，实现了各领域的分层监督和全过程的实时监督，减少了监管失位、缺位和越位情况的发生，降低了监督成本，提高了财政监督效率，对防范风险十分有利。我国政府购买公共服务财政监督主体之间的联系比较少，缺乏相互之间的沟通、协调和反馈机制，相互之间的配合不够紧密，往往会造成在政府购买公共服务的某些方面和操作流程上的监管缺失。而发达国家的协同监督和全过程监督这一理念，对我国政府购买公共服务财政监督有很大的参考价值。

（三）利用现代技术支撑财政进行全过程监督

英美等国政府购买公共服务的电子政务平台发展较快，许多信息都通过平台发布，使得整个购买流程公开透明，保障了参与各方的知情权，既便利了竞争，又方便了监管，也能更好地进行宏观层面的流程掌控。我国政府采购信息网络平台虽有较大发展，并通过《政府采购法》将政府购买公共服务纳入政府采购法的法律规制之内，但其信息覆盖度仍有待提高。各类信息平台交叉存在，缺乏整合，使得信息资源管理的成本和发布与获取信息的渠道比较混乱，很多信息平台仅供各部门内部使用，没有实现其他部门及社会公众的共享共用。这种情况的存在，不仅不利于政府购买公共服务的信息公开、流程公开和结果公开，也不利于包括财政部门在内的各方主体和社会公众对政府购买公共服务的监督，防范风险也就成为比较难以完成的任务。因此，加强对政府购买公共服务公共信息网络平台的资源整合和数据

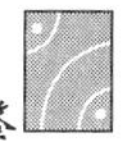

管理，将对加强政府购买公共服务财政监督起到非常大的技术支撑作用。

二、国内做法的评价

虽然从近年的实践来看，各地的政府购买公共服务制度建设越来越重视购买程序的合法性和合规性，并相应地出台了一系列的政策文件，但从总体上看，在政策层面和操作层面，快速推进制度在实践中的运用仍然是各级政府关注的重点，而如何防范制度运行中的各类风险，并没有引起高度的重视。

（一）政府购买公共服务的风险管理意识尚未真正形成

在推进制度与制度体系建设同时进行的过程中，各级政府关注的重点主要集中在订立规则和实施购买上，政府购买公共服务制度推行过程中可能存在的风险尚未引起足够重视。虽然各地财政部门出于对财政资金使用绩效的考虑，纷纷出台了一些购买服务的预算管理办法或绩效评价制度要求，但仍然没有上升到风险防范的层面，更多的还是从财政资金管理的视角所做的一些常规性的制度要求。因此，制度和规则大多是框架性和原则性的，并没有太多细化和可操作的约束性规定。

（二）以风险管理为导向的政府购买公共服务财政监督机制尚未构建

从当前国内各地的经验做法可以看出，随着政府向社会力量购买服务制度的推进和政策制度体系的日臻完善，政府购买公共服务制度运行的实际效率与效果将越来越引起各级政府和社会各界的关注。现在学术界已经提出要重视政府购买服务中存在的风险问题，国内的一些政府购买公共服务制度建设比较先进的地区，如北京、上海、广州、无锡、杭州等地的政府部门，特别是财政部门也开始逐渐意识到，如果不重视对风险的研究和防范，将对服务型政府建设、政府治理现代化产生不良影响。因此，在出台新的政策时，已经将加强监督作为制度内容写进政策措施中，希望用原则和规则防控风险，而真正将防范政府购买公共服务风险作为导向，研究和建设财政监督机制的比较鲜见。现有的规则和制度要求分散在各个政府发布的文件中，缺乏系统化、程序化和规范化的法规和政策措施。因此，研究如何通过建立“模块化嵌入式”的财政监督创新机制，以有效防范政府购买公共服务风险，将对完善我国政府购买公共服务制度产生重要而积极的影响。

第六章

构建财政监督创新机制的环境基础

我国政府购买公共服务从初步尝试到制度推进虽然已经历了二十余年的时间，业已取得了一定的成绩，但是由于各种原因导致制度运行仍然存在不少风险，会在一定程度上影响政府购买公共服务制度的健康有序发展，需要尽快建立以防范风险为导向的政府购买公共服务的财政监督创新机制，以保证制度在我国各个领域、各个层级的顺利、有序推进。但是，以风险管理为导向的政府购买公共服务的财政监督创新机制的构建是一个系统工程，会受到各种宏观环境因素的影响，需要我们进行比较深入的观察和分析。

如图 6－1 所示，所谓 PEST 分析作为宏观环境分析模型，能够影响被研究对象的各种宏观力量，一般包括政治环境（political factors）、经济环境（economic factors）、技术环境（technological factors）和社会环境（social factors）这四大类主要外部环境影响因素，并对其进行比较充分的分析。可以说，任何公共事务、产业、行业等的发展，都无法不受宏观大环境的影响。政府购买公共服务财政监督创新机制的构建，同样也无法脱离社会大环境。通过 PEST 宏观环境分析，将有助于我们准确分析和把握我国政府购买公共服务财政监督创新机制的基本理念和目标方向，并借此判断在政府购买公共服务的过程中应借助什么工具将财政监督嵌入其中。因此，对构建以风险管理为导向的我国政府购买公共服务财政监督机制进行比较全面的宏观环境分析，是本章的重要内容。

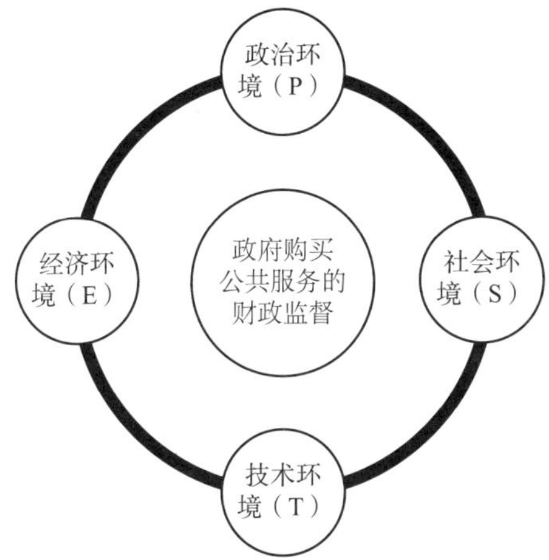

图6－1　政府购买公共服务财政监督的PETS宏观环境因素

第一节　构建财政监督创新机制的政治环境分析

一般而言，所谓政治环境包括一个国家的社会制度，执政党的性质，政府的方针、政策、法令等。我国是中国共产党领导下的社会主义国家，这是我国的基本政治环境。[①] 随着中国经济社会的快速发展，我国的政治环境与改革开放初期相比，已经发生了很大的变化，政府的行政管理体制改革不断深入，社会主义民主法治建设不断推进，为构建我国政府购买公共服务的财政监督创新机制提供了一个良好的政治大环境。

一、全面深化改革总目标业已确立

在新的历史时期，全面深化改革已经成为中国改革发展的总基调。党的十八届三中全会提出："全面深化改革的总目标是完善和发展中国特色社会主义制度，推进国家治理体系和治理能力现代化。"将推进国家治理体系和治理能力现代化作为全面深化改革的总目标，对于中国的政治发展，乃至整个中国的社会主义现代化事业来说，具有重大而深远的理论意义和现实意义。[②] 全面深化改革，意味着在政治经济、社会发展、文化建

① 杨燕英：《中国政府采购治理问题研究》，中国财政经济出版社2011年版，第149页。

② 俞可平：《推进国家治理体系和治理能力现代化》，载《前线》2014年第2期，第27页。

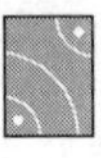

设、生态环境保护等各个领域都要深化改革。而这些领域中的公共事务，有相当一部分要改变传统的由政府直接提供的方式，转为通过政府购买公共服务向社会公众提供的方式，实际在很大程度上解决了政府办社会却效率低下的问题。因此，当前我国将政府购买公共服务作为国家治理体系和治理能力现代化的重要工具，促进实现公共服务领域的治理和变革。在此前提下，政府购买公共服务的风险防范，就成为政府购买公共服务治理工具顺利发挥作用的重要保障。而防范风险的重要手段就是加强财政监督，通过强化财政监督，促使这一政府治理体系和治理能力现代化工具能够顺利发挥积极的作用。至此，构建以风险管理为导向的政府购买公共服务财政监督创新机制就有了牢固的政治基础。也正因为政府购买公共服务财政监督创新机制是实现政府治理体系和治理能力现代化的重要手段，其作用的发挥必须紧密围绕全面深化改革的总目标，即要服从和服务于政府治理体系和治理能力现代化的要求，通过设计完整的财政监督链条，保证政府购买公共服务制度的健康、有序进行。

二、政府职能转变进程加快

兴起于20世纪80年代的新公共管理运动，深刻地影响了各国的政府公共管理，掀起了西方发达国家的政府改革运动。新公共管理为各国政府提供了一种当代公共管理的新模式，在处理公共管理实践，尤其是政府与市场、政府与社会关系时提供了一套不同于传统行政学的新思路，也为中国政府行政管理体制改革提供了有益的经验，具有重要的借鉴意义。[①] 实现由管制型政府向服务型政府的转变是我国行政管理体制改革的方向，涉及一系列体制、机制的改革，这一改革进程在不断加快。在服务型政府建设的过程中，民主、公开、透明、分权、绩效等已经成为关键性理念。而这些理念在政府向社会公众提供公共服务领域的具体落实上，能够直接地体现政府与社会、政府与企业之间的关系。但在处理这些关系的过程中，由于各种风险的存在会影响该制度的顺利推行，所以，必须加强监督管理。而财政监督作为各类监督管理中最为关键和最为专业的监督工具，充分发挥其监督作用就成为必然。因此，在政府职能转变进程加快的情况下，构建以风险管理为导向的政府购买公共服务的财政监督创新机制有着

① 杨燕英：《中国政府采购治理问题研究》，中国财政经济出版社2011年版，第149～150页。

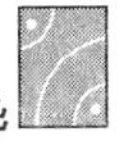

坚实的制度基础。

三、社会主义民主法治建设不断推进

发展社会主义民主，健全社会主义法治，是中国特色社会主义的重要组成部分。近年来，我国不断加大各个领域的发展建设，全国人大和各级人大在关于国家经济发展和促进社会和谐方面做了大量的工作。自改革开放以来，我国已经于1988年、1993年、1999年和2004年对《中华人民共和国宪法》进行了4次修改，内容涉及了扩大人民民主、公民自由和权利的保障、指导确立依法治国、建设社会主义法治国家的基本方略等重大问题，为构建社会主义和谐社会、合理配置国家权力、尊重和保障人权、规范与制约公权力，以及国家经济发展和社会管理等方面，提供了坚实的宪政基础。同时，为不断完善政府公共管理领域的法治建设，全国人大在修订《宪法》的基础上，陆续颁布了一大批包括《中华人民共和国预算法》《中华人民共和国政府采购法》《中华人民共和国招投标法》《中华人民共和国合同法》在内涉及政府公共管理领域的法律，各级政府也不断出台各种相关的政策法规和规章，使政府在促进我国经济社会发展的各个管理领域都有了相应的法律法规作保障，为实现政府依法行政和公民监督政府行政提供了比较完备的法律体系。① 特别是在2014年相继修订了《中华人民共和国预算法》和《中华人民共和国政府采购法》，并于2015年颁布了《中华人民共和国预算法实施条例》，《中华人民共和国预算法实施条例》（修订）也在征求意见过程之中。法律的颁布实施，为政府购买公共服务的财政监督奠定了坚实的法律基础。2013年9月国务院颁布“指导意见”之后，财政部、民政部、文化部等各个中央部委以及各级政府、各级财政、民政、社保、工商等部门，都纷纷出台了一系列有关政府购买公共服务的规则、制度和办法，为构建我国政府购买公共服务的财政监督创新机制提供了监督依据。

以上分析说明，在现有的政治环境下，构建以风险管理为导向的我国政府购买公共服务财政监督创新机制是可行的，也是必需的。其机制的建设和运行，将为加快实现政府职能转变、建设服务型政府和提升我国政府治理体系与治理能力现代化水平提供有力的保证。

---

① 杨燕英：《中国政府采购治理问题研究》，中国财政经济出版社2011年版，第152~153页。

第二节　构建财政监督创新机制的经济环境分析

政府购买公共服务本身是一项与市场联系非常紧密的工作，这不仅在于其购买过程与购买结果，还在于购买资金是否充足，是否能够满足公共服务购买范围的不断扩大和规模的增长。而财政部门作为法定的政府购买公共服务的监管者，其财政监督既是一种责任监督，也是一种专业监督，不但要从财政资金管理的角度履行监督责任，而且还要从购买公共服务的操作流程以及合同管理、绩效评价等方面进行监督。如果一个国家的经济发展水平比较高，财政资金比较充盈，政府购买公共服务的范围和规模自然就会比较大，财政监督的工作量也会随之增加，构建有效的财政监督创新机制就显得尤为重要。

一、中国经济总体实力大幅度增强

自改革开放四十年以来，中国经济得到了长足的发展。国家的整体经济实力大幅度增强，为经济社会各个领域的深化改革和持续快速发展奠定了坚实的经济基础。

改革开放以来的四十年间，中国国内生产总值从 1978 年的 3678.7 亿元增长到 2017 年的 82.7 万亿元，年均增长率超过 9%，占世界经济总量的比重从不足 2.5% 上升至 15%，一跃成为全球第二大经济体；中国人均国内生产总值从 1978 年的 385 元上升到 2017 年的 59660 元，年均增长率超过 8%，成功跻身至中等收入国家行列，并正在向高收入经济体迈进。对外经济方面，1978 年，中国进出口总额仅为 206.4 亿美元，2017 年增加到 27.8 万亿元（约 4.12 万亿美元）；其中，出口为 15.3 万亿元，进口为 12.5 万亿元，年复合增长率分别接近 15%。截至 2017 年末，中国外汇储备约 3.14 万亿美元，居世界第一；全年对外直接投资超过 1200 亿美元，其中，仅对“一带一路”沿线国家直接投资额就接近 150 亿美元，正逐步由资本净输入国向资本净输出国转变。①

① 闫斐：《改革开放四十年，中国转向高质量发展》，经济观察网，http：//www.eeo.com.cn/，2018 - 04 - 20.

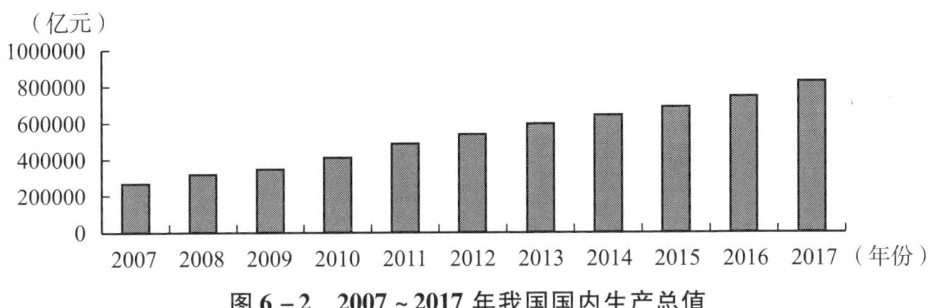

图 6－2　2007～2017 年我国国内生产总值

资料来源：国家统计局数据库。

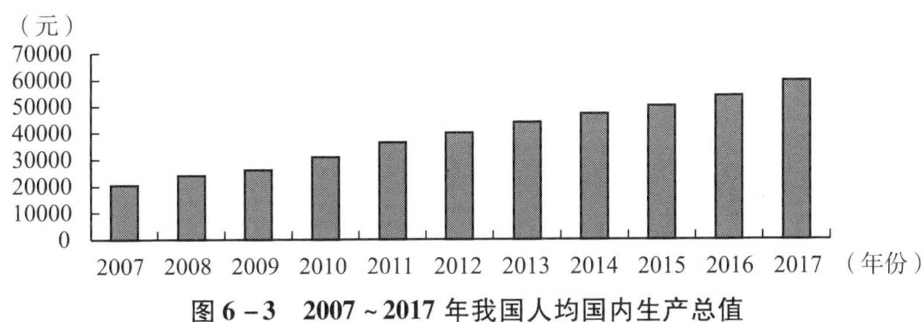

图 6－3　2007～2017 年我国人均国内生产总值

资料来源：国家统计局数据库。

过去四十年，中国经济发展之所以取得成功，其关键因素在于围绕以市场化为核心的一系列体制改革与制度创新，特别是党的十八届三中全会以来，国家不断全面深化各个领域改革，努力实现政府治理体系和治理能力现代化，强调市场在资源配置中应当起的决定性作用，政府应当更好地发挥作用，极大地激发了微观市场主体的活力。同时，随着政府加大“放管服”改革和税收改革的力度，不断降低企业经营的外部成本，下大力气改善营商环境，使我国总体资源配置效率和经济运行效率显著提升。

经济的发展为我国各个领域开展全面深化改革提供了良好的经济基础。我国现在的市场主体已经迈入“亿户时代”，数量居全球首位。数量众多的市场主体，不仅可以为政府购买公共服务制度的发展提供更多的承接主体，增加购买公共服务市场的活跃程度，也为政府购买公共服务财政监督机制的构建提供了比较充分的经济基础，可以使财政监督的经济性和效率性得以借助市场的力量充分展示出来。

二、政府财力不断提高

随着中国经济总量的快速增长，虽然经过“营改增”等以减税为核心的税收改革对财政收入规模产生了一定的影响，但从总体上看，全国财政收入仍然不断增长。从2007～2017年，我国财政收入连续增长（如图6－4所示）。2016年，虽然经过以减轻企业负担为目标的“营改增”等税收改革和其他非税收入改革，全国财政收入总规模增幅创历史新低，但从绝对值和相对值上看，全国一般公共预算收入159552亿元，仍然比上年增长4.5%。其中，全国一般公共预算收入中的税收收入130354亿元，同比增长4.3%；非税收入29198亿元，同比增长5%。2017年1～12月，全国一般公共预算收入累计172567亿元，同比增长7.4%。在财政收入不断增长的同时，我国财政支出的结构不断调整、优化，财政对经济社会发展的支持力度不断加大。2016年，全国一般公共预算支出187841亿元，比上年增长6.4%（如图6－5所示）。2017年1～12月，全国一般公共预算支出累计203330亿元，同比增长7.7%。从主要支出科目情况看，教育支出30259亿元，比上年增长7.8%；科学技术支出7286亿元，比上年增长11%；文化体育与传媒支出3367亿元，比上年增长6.4%；社会保障和就业支出24812亿元，比上年增长16%；医疗卫生与计划生育支出14600亿元，比上年增长9.3%；节能环保支出5672亿元，比上年增长19.8%；城乡社区支出21255亿元，比上年增长15.6%。[①]

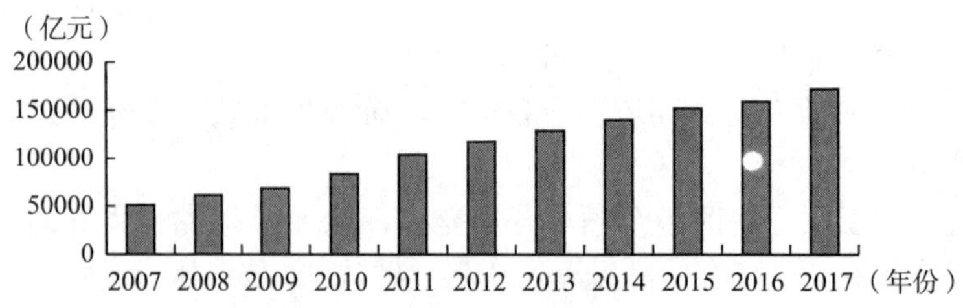

图6－4　2007～2017年全国财政收入

资料来源：国家统计局数据库。

① 资料来源：中华人民共和国财政部网站，http://www.mof.gov.cn/。

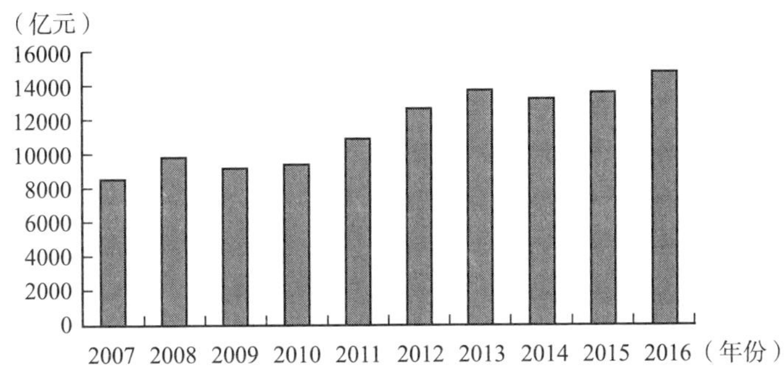

图6-5　2007~2016年国家财政一般公共服务支出

资料来源：国家统计局数据库。

国家财政收入的不断增长，为政府购买公共服务制度的推行提供了充分的财力保障，能够保障在财政支出中安排更多的资金用于公共服务的购买。一方面，说明从财政资金支持的角度看，政府购买公共服务未来的发展空间很大，可以继续拓展；另一方面，也对加强政府购买公共服务财政资金的监督管理带来了挑战。也就是说，随着人民群众对美好生活的需求越来越强烈，政府在公共服务领域的购买资金投入会越来越多，购买的公共服务范围越来越宽，种类越来越多，相应地也会给财政部门带来更高的管理和监督要求。因此，必须不断提高对政府购买公共服务资金的监管力度，创新财政监督机制，提高财政资金的使用效率，防范各类风险。

三、我国现代服务业发展迅猛

从产业结构来看，第三产业的规模在我国产业结构中的占比越来越大。2017年国内生产总值为827122亿元，比上年增长6.9%。其中，第一产业增加值为65468亿元，比上年增长3.9%；第二产业增加值为334623亿元，比上年增长6.1%；第三产业增加值为427032亿元，比上年增长8.0%（如图6-6所示）。第一产业增加值占国内生产总值的比重为7.9%，第二产业增加值占国内生产总值的比重为40.5%，第三产业增加值占国内生产总值的比重为51.6%。[①]

① 中华人民共和国国家统计局：《中华人民共和国2017年国民经济和社会发展统计公报》，http：//www.stats.gov.cn，2018年2月28日。

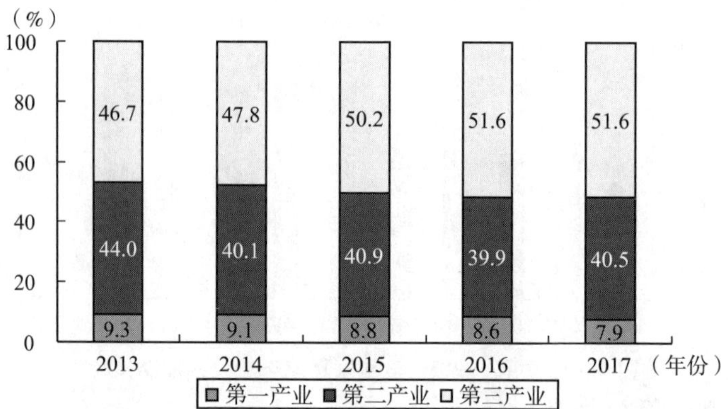

图6-6 2013~2017年三次产业增加值占国内生产总值比重

资料来源：国家统计局：《中华人民共和国2017年国民经济和社会发展统计公报》，http：//www. stats. gov. cn，2018年2月28日。

财政收入的增加和第三产业的快速发展，使我国的公共服务水平不断提高。截至2017年末，全国参加城镇职工基本养老保险人数40199万人，比上年末增加2269万人。参加城乡居民基本养老保险人数51255万人，增加408万人。参加基本医疗保险人数117664万人，增加43272万人，其中，参加职工基本医疗保险人数30320万人，增加789万人；参加城乡居民基本医疗保险人数87343万人，增加42483万人。参加失业保险人数18784万人，增加695万人，2017年末，全国领取失业保险金人数220万人。参加工伤保险人数22726万人，增加836万人，其中，参加工伤保险的农民工7807万人，增加297万人。参加生育保险人数19240万人，增加789万人。2017年末，全国共有1264万人享受城市居民最低生活保障，4047万人享受农村居民最低生活保障，467万人享受农村特困人员救助供养。全年资助5203万人参加基本医疗保险，医疗救助3536万人次。国家抚恤、补助各类优抚对象859万人。九年义务教育巩固率为93.8%，高中阶段毛入学率为88.3%。①

第三产业的快速发展，为政府购买公共服务带来了更大的选择余地和更高的服务水准，同时也为政府购买公共服务的财政监督提出了更高的要求。也就是说，政府购买公共服务的财政监督要不断提高其专业水准，以适应高水平的服务要求和高质量的服务标准带来的监督的高标准，原有的

① 中华人民共和国国家统计局：《中华人民共和国2017年国民经济和社会发展统计公报》，http：//www. stats. gov. cn，2018年2月28日。

一般性监督方式和方法，在一定程度上难以适应这些高标准，必须随之不断创新监督工具和监督手段。

第三节　构建财政监督创新机制的社会环境分析

随着新型公共管理理念逐渐深入人心和民主法制化建设的不断深入，以及政府治理现代化和服务型政府建设等的不断推进，我国的社会环境与以往相比已经发生了非常大的变化，为构建以风险管理为导向的政府购买公共服务财政监督创新机制提供了良好的社会环境。

一、公私合作伙伴关系的观念已经普及

随着政府治理现代化的推进，大力发展政府与社会资本合作的公私合作伙伴关系的观念已经逐渐普及。政府和社会资本的合作已经在很多领域展开，特别是在基础设施建设和公用事业发展中，这一理念的运用已经比较普遍，最为典型的就是 PPP 模式在这些领域的直接运用。在公共服务领域，政府通过向社会力量购买，实现双方的合作伙伴关系，为政府向社会公众提供优质高效的公共服务给予了新的思路和新的途径。

公私合作伙伴关系在政府提供公共服务领域中的普遍应用，为政府购买公共服务财政监督带来了很大的挑战。不仅增加了财政监督的对象，还增加了监督的内容。即财政监督将由原来单纯监督政府、相关部门和单位的财政资金使用情况，变为既要监督政府、部门和单位的财政资金使用情况，又要监督购买公共服务的过程，还要监督承接主体行为的合法性、合规性以及购买公共服务质量的效益。

二、各类社会组织成长迅速

随着市场经济的不断发展，各种社会组织在快速成长，一些原来由政府承担的公共事务正在越来越多地由社会组织承担起来。而这种承担公共事务的途径，就是通过承接政府购买公共服务实现的。

根据民政部发布的《2017 年社会服务发展统计公报》数据，截至 2017 年底，我国共有社会服务机构和设施 182.1 万个，职工总数 1355.8

万人。全国持证社会工作者共计32.7万人，其中：社会工作师8.3万人，助理社会工作师24.3万人；全国社会服务事业费支出5932.7亿元，比上年增长9.1%，占国家财政支出比重为3.4%。全国共有社会组织76.2万个，比上年增长8.4%；吸纳社会各类人员就业864.7万人，比上年增长13.2%。全国共有社会团体35.5万个，比上年增长5.6%，其中：工商服务业类3.9万个，科技研究类1.5万个，教育类1.0万个，卫生类0.9万个，社会服务类4.8万个，文化类3.9万个，体育类3.0万个，生态环境类0.6万个，法律类0.3万个，宗教类0.5万个，农业及农村发展类6.2万个，职业及从业组织类2.0万个，其他6.8万个。全国共有各类基金会6307个，比上年增长13.5%，其中：公募基金会1678个，非公募基金会4629个；民政部登记的基金会213个。全国共有民办非企业单位40.0万个，比上年增长11.0%，其中：科技服务类1.6万个，生态环境类501个，教育类21.7万个，卫生类2.7万个，社会服务类6.2万个，文化类2.1万个，体育类1.8万个，法律类1197个，工商业服务类3652个，宗教类115个，国际及其他涉外组织类15个，其他3.0万个。

社会组织和服务机构的规模快速增长，为我国政府购买公共服务提供了非常坚实的社会基础，为吸引更多社会组织和服务机构参与政府购买公共服务创造了很大空间。由于社会组织和服务机构的大量存在与积极参与，为政府购买公共服务的财政监督创造了非常有利的社会环境，也为形成购买主体、承接主体、第三方机构之间的相互监督链条提供了有利条件。

三、社会公众对政府购买公共服务的关注度不断提高

随着政府购买公共服务制度的实施和推广，越来越多的社会公众从中受益。而当受益群体数量不断增加时，公众对政府购买公共服务的认知程度也会随之增加。再加上政府和社会的宣传力度不断加大，宣传的途径和方式越来越多样化，各级各类群众对政府购买公共服务的关注度必然也越来越高。从我们前期调查时就已发现，大多数被调查者最初并不知道或仅听说过，但并不了解政府购买公共服务，经过我们的耐心解释之后，被调查对象立刻对政府购买公共服务产生了兴趣，表示今后要关注此问题。无论哪个年龄层次的被调查对象，都表示希望政府花钱买来的服务越多越好，质量越高越好。同时，在问到如果有机会，是否会参与政府购买公共

服务的质量反馈和监督时，绝大多数被调查对象都表示愿意。由此可以看出，只要让公众更深入地了解政府购买公共服务，更多地参与到政府购买公共服务的监督中来，财政监督就有了更加广泛的群众基础，会对财政监督工作的顺利开展产生积极的促进作用。

第四节　构建财政监督创新机制的技术环境分析

技术环境是指与被研究对象直接相关的技术手段的发展情况。随着科学技术的飞速发展，特别是电子信息技术的日新月异，已经从技术上为构建以风险管理为导向的政府购买公共服务财政监督创新机制提供了有力的支撑。

一、信息技术的发展使公众获取信息和表达诉求更加便捷

当前，信息技术革命正在促进科学技术的飞速发展，这种发展正在使我们所处的世界发生翻天覆地的变化。信息技术的革命和科技的发展，不但改变了人们的思维方式和生活方式、改变了企业的经营管理模式，也深刻地影响着各国社会经济的发展，人们日益感受到置身于网络经济之中。特别是信息技术的发展，使公众对信息的获取、传递、沟通比以往更加方便、快捷和廉价，公众获取信息的来源已经打破了国境的界限，也打破了政府的垄断，信息资源的共享性不断增强。借助信息技术的发展和应用的普及，公众可以通过网络充分发表自己的观点和意见，充分展示自己的才华和个性，社会的多元化和多样性更加充分地表现出来。公众对各种社会事务和社会现象的关注和看法可以通过网络自由地展现，并且无障碍地表达自身的利益诉求和对公共事务的评价，社会公众对政府行为的监督或质疑也更加直接和反应迅速。应当说，现代信息技术的飞速发展，为社会公众反映利益偏好、参与公共事务管理和监督政府行为搭建了一个现代化的技术平台，同时，也为政府与社会公众的沟通与合作，提供了有力的技术保障。①

① 杨燕英：《中国政府采购治理问题研究》，中国财政经济出版社2011年版，第173～174页。

二、信息技术的发展推动了公共管理体制创新

当信息技术以前所未有的方式深刻地改变着人类的经济结构、社会结构和生活方式的同时，也必然对政府的公共管理体制产生巨大的影响。由于科学技术的发展，导致现代社会公共事务极其复杂，并且变化迅速，时间限制性增强，要求政府必须提高自身的反应能力和灵活处理问题的能力。面对日益复杂、多变的社会环境，政府已经难以像以往一样，单靠自己的力量进行有效地应对，而是必须加强与公民社会的合作。为此，政府必须改变其原有的公共管理模式。同时，由于信息技术发展形成的信息资源共享，打破了长久以来政府对公共信息的垄断，这既为社会公众广泛、深入地参与公共管理提供了便利，又使政府公共部门的活动被置于公众的有力监督之下，接受社会公众的审视和监督。政府越来越面临社会公众强大的参政压力，以及要求政府管理活动进一步公开化、透明化的压力。信息技术的发展使传统的行政体制受到严峻的挑战，传统的政府组织结构被打破，逐渐趋于扁平化，政府的行政技术得到更新，管理水平的改善成为可能。①

目前，信息技术被大量应用到政府的公共财政管理系统和公共项目管理领域中。信息技术在政府管理领域的广泛运用，使建设电子化政府成为各国政府改革的必经之路。建设电子化政府能够满足社会公众对政府工作公开、透明、高效的要求，促进政府转变职能，增强公共服务意识和责任意识，提高行政透明度。建设电子化政府，一方面，使政府能够更加直接、便捷地获取社会公众对公共管理的诉求，使各级政府更好地面向社会公众，提高政府的工作效率和质量，更加直接地接受社会公众对政府工作的评判和监督；另一方面，也使政府与社会公众的沟通更加便利，更加方便政府在公共管理过程中及时吸纳社会公众的参与并进行合作。② 同时，由于电子技术的快速发展和在政府公共管理领域中的广泛运用，对财政部门更高效、有质量地进行政府购买公共服务监督起到了很好的技术保障和支撑作用，使财政监督能够建立在现代电子技术的平台上，有效提高了财政监督的效率。电子信息技术的快速发展，使政府购买公共服务各个环节活动更加便捷和公开透明。在现代电子政务信息平台上，社会公众能够更加方便地反映自身对公共服务的诉求，了解政府购买公共服务的目的、范

① 杨燕英：《中国政府采购治理问题研究》，中国财政经济出版社 2011 年版，第 173 ~ 174 页。
② 杨燕英：《中国政府采购治理问题研究》，中国财政经济出版社 2011 年版，第 175 ~ 176 页。

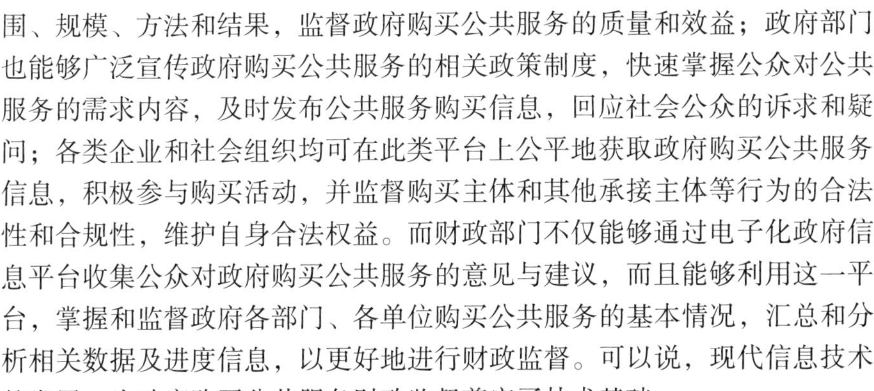

围、规模、方法和结果，监督政府购买公共服务的质量和效益；政府部门也能够广泛宣传政府购买公共服务的相关政策制度，快速掌握公众对公共服务的需求内容，及时发布公共服务购买信息，回应社会公众的诉求和疑问；各类企业和社会组织均可在此类平台上公平地获取政府购买公共服务信息，积极参与购买活动，并监督购买主体和其他承接主体等行为的合法性和合规性，维护自身合法权益。而财政部门不仅能够通过电子化政府信息平台收集公众对政府购买公共服务的意见与建议，而且能够利用这一平台，掌握和监督政府各部门、各单位购买公共服务的基本情况，汇总和分析相关数据及进度信息，以更好地进行财政监督。可以说，现代信息技术的发展，为政府购买公共服务财政监督奠定了技术基础。

第七章

构建以风险管理为导向的政府购买公共服务“模块化嵌入式”财政监督新机制

根据以上各章的研究，我们可以得出以下结论：首先，对政府购买公共服务构建以风险防范为导向的财政监督创新机制，既有坚实的理论基础，又有重要的现实意义。其次，政府购买公共服务中存在的各类风险，必须通过加强财政监督进行有效防范。因此，本书认为，应当根据政府购买公共服务的基本流程并将其“模块化”，构建将财政监督工具嵌入其中、以风险管理为导向的我国政府购买公共服务财政监督创新机制。本章我们将重点研究“模块化嵌入式”财政监督的机制的构建问题。

第一节　指导思想和基本原则

构建以风险管理为导向的政府购买公共服务“模块化嵌入式”财政监督创新机制，是我国政府购买公共服务领域的重要事项，也是财政监督工作的重要组成部分。为完成这一创新机制的构建，并使其可以真正应用于我国各级各类政府购买公共服务的财政监督工作中，必须确立机制构建的指导思想和要坚持的基本原则，以保证该机制的规范有效。

一、指导思想

构建以风险管理为导向的我国政府购买公共服务“模块化嵌入式”财政监督创新机制的指导思想是：为促进我国政府购买公共服务制度的健康有序发展，保证财政资金在购买公共服务领域的高效使用，实现向社会公

众提供优质公共服务的目的，通过建立以风险管理为导向的政府购买公共服务“模块化嵌入式”财政监督创新机制，将专业化的财政监督手段和工具嵌入政府购买公共服务的基本流程中，以有效防范各类风险的发生，保证我国政府购买公共服务制度的顺畅运行。

二、基本原则

为构建以风险管理为导向的政府购买公共服务“模块化嵌入式”财政监督创新机制，必须坚持如下基本原则。

（一）坚持公共价值原则

实现公共价值，是公共服务的核心价值所在，也是政府购买公共服务制度的一个重要目标。现代服务型政府的根本任务就是有效地利用公共资源为社会公众服务。在现代政府治理中，政府提供公共服务本身所要实现的就是公共服务的公共价值，这是面向全体社会公众的一种公共价值。包含着三种含义：第一，服务的公共效用；第二，公众的公共表达；第三，公共的利益实现。这三种含义对于政府购买公共服务制度而言，是至关重要的问题。政府购买公共服务的政策制定、制度运行和服务结果应当紧紧围绕这一目标进行。但现实中存在于政府购买公共服务制度建设和运行之中的各种风险，往往会直接导致政府购买公共服务的公共价值难以完全体现，甚至公共价值会被某些私人价值取代。为防止和纠正这些风险导致的制度目标的偏离，强化监督管理是必然手段。其中，作为政府购买公共服务领域的资金提供者且拥有法律赋予监督管理权限的财政部门，构建以风险管理为导向的政府购买公共服务“模块化嵌入式”财政监督创新机制，是为了促使制度运行更好地体现购买公共服务的公共价值，要以公众利益和公众满意为出发点，用专业化的工具，防范和化解相关风险，以保证各项政府购买的公共服务能够充分体现其公共价值。因此，坚持公共价值原则，是构建政府购买公共服务财政监督创新机制必须坚持的最基本原则。

（二）坚持防范风险原则

本书要建立的就是以风险管理为导向的新型政府购买公共服务财政监督机制，其中，防范风险是该财政监督机制的首要任务。正如前述研究结果，在政府购买公共服务中存在的各类风险，会在不同程度上影响政府购买公共服务制度的健康有序发展，因此，必须在制度建设上筑起防范风险的“挡风墙”。作为“挡风墙”的政府购买公共服务财政监督创新机制的构建，必须坚持防范风险的原则。通过这种“模块化嵌入式”的财政监督机制的建立和运行，使其能够做到提前发现风险、提前预防风险，真正成为风险管理的重要工具。

（三）坚持流程嵌入原则

由于政府购买公共服务涉及面广，服务种类众多，参与主体多元化，购买方式多样，可能发生的风险类型也很多，给财政监督带来了非常大的挑战。如果仅采取松散式或运动式的监督方式，缺乏贯穿全过程的监督手段和工具，就很难真正做到防范风险，财政监督只能停留于表面监督，监督效果会十分低下。因此，在构建政府购买公共服务财政监督创新机制时，必须坚持根据政府购买公共服务的规范流程，将财政监督手段嵌入其中。通过这种分解流程，并将财政监督工具和手段嵌入各个流程环节中的做法，能够保证各环节监督的有效性，并形成一个完整的财政监督链条，切实实现将风险防患于未然。因此，构建我国政府购买公共服务财政监督创新机制，必须坚持流程嵌入原则。

（四）坚持监督效率原则

从部门职责角度看，财政部门监督政府购买公共服务制度的运行本身就是要监督其运行效率以及财政资金使用的绩效，而财政监督自身在监督过程中也要讲求效率。传统的财政监督方式往往具有监督环节衔接不紧密、重视预算编制监督和最终结果的监督等问题，对非常重要的中间环节的监督却有很多缺失。因此，在构建政府购买公共服务财政监督创新机制时，如何有效提高财政监督自身的监督效率就成为一个关键性问题。监督效率不仅体现在监督之后取得的监督成果的大小，还体现在监督过程的效率性。只有将财政监督工具和手段直接嵌入政府购买公共服务的各个流程环节之中，使财政监督融入各流程环节的工作程序之中，财政监督的效率才能够真正提高。因此，构建我国政府购买公共服务财政监督创新机制必须坚持监督效率原则。

（五）坚持物有所值原则

在使用财政资金购买公共服务时，从经济性的角度看，“物有所值”

是最重要的经济性原则。也就是说，政府购买公共服务的种类、数量和质量，是值得花费那么多财政资金的。这就要求考虑成本和效益的关系、投入和产出的关系。但是，前面我们已经分析过，由于各种主客观原因的存在，政府购买公共服务过程中可能发生这样或那样的风险，财政资金没少花，但购买来的公共服务质量却差强人意，甚至质量很差，这就直接浪费了财政资源，使财政资金的使用处于低效状态。因此，加强财政对政府购买公共服务的监督，除了上述几大要坚持的原则外，还必须坚持物有所值的经济性原则。通过构建我国政府购买公共服务财政监督创新机制，促使财政资金的节约高效利用，避免财政资源的浪费。

（六）坚持协调配合原则

构建我国政府购买公共服务财政监督创新机制，是一项全局性工作。它是对所有监督流程的各个要素进行分析和研究的系统性工程，注重整体监督的最佳效果而非特定流程的最优化。尤其是在信息化和大数据的时代背景下，政府购买公共服务的财政全过程监督必然需要依托数据库和现代信息网络，形成各个部门、各个主体之间的协同监督治理。这就要求各个监督主体要坚持以公共利益为核心的价值取向，形成一个分工协作、高效运转的财政监督流程体系，为政府购买公共服务提供制度保障。因此，必须坚持协调配合原则。

第二节 政府购买公共服务流程的模块化分解

加强对我国政府购买公共服务的财政监督，必须从规范化的购买服务流程入手。通过分解政府购买公共服务流程，并将其模块化，才能比较准确地分析流程模块中存在的风险，并为下一步财政监督工具和手段的嵌入奠定基础。由于财政监督工具的使用通常是在制度运行阶段，因此，本节所涉及的政府购买公共服务流程是指在制度运行阶段的流程分解问题。

一、政府购买公共服务流程的模块化分解

根据《中华人民共和国政府采购法》和购买公共服务的一般规程，本节将政府购买公共服务的制度运行分为五大模块，即政府购买公共服务的

需求形成模块、预算编制模块、购买过程模块、合同履约模块和绩效评价模块，如图 7－1 所示。

图 7－1　政府购买公共服务流程模块化分解

（一）需求形成模块

从政府购买公共服务制度的实际运行来看，需求形成模块是起点。没有需求，就不需要公共服务的供给，政府购买公共服务活动也就无须开展。因此，针对公众对公共服务需求的调查研究、汇总梳理以及最终形成购买需求，是一项非常重要的前期工作，如果这项工作草率进行或仅仅是拍脑袋想出的，那么后期的相关工作就会呈现出低效或无用的结果。

需求模块要做的工作包括：根据公共服务的供给清单，对公众需求进行调查研究并汇总梳理；根据当前条件确定购买需求范围和内容；制订购买项目计划和购买主体向主管部门提交购买公共服务项目申请等。

（二）预算编制模块

在政府购买公共服务需求确定之后，就进入对购买资金的预算编制模块。此时是对有限的购买资金进行分配的过程。在这一过程中，既要满足购买公共服务项目的资金需要，又要保证有限的财政资源能够供应更多项目对资金的需求。因此，政府购买公共服务预算编制的质量，不仅直接关系到具体公共服务项目的购买资金保证，而且关系到整个政府购买公共服务资源配置的合理性和效率性，是一个非常关键的工作环节。

预算编制模块要做的工作包括：根据项目需求和相关依据进行项目预算指标测算；进行项目预算编制；提交项目预算；主管部门审批项目预算等。

（三）购买过程模块

政府购买公共服务的购买过程模块是整个政策落实和制度运行的最重要环节。通过政府购买公共服务实现政府治理现代化，充分体现了政府、市场和社会三者之间的相互合作关系，主要靠公共服务的购买过程来实现。

在购买过程中，涉及购买主体、承接主体的互动与利益，能够充分展现市场经济主体参与政府购买公共服务活动的广度与深度。因此，这一模块是政府购买公共服务市场活动的集中区域，涉及诸多利益主体的利益博弈。

购买过程模块的主要内容包括：购买公共服务方式的选择；购买公共服务信息的发布；承接主体资格的认定；招标投标过程；评标专家管理；中标者公示；合同授予；争议仲裁等。

（四）合同履约模块

在政府购买公共服务过程完成之后，就正式进入合同履约模块。对购买主体而言，这一模块落实的情况，不仅决定了政府购买公共服务项目的质量和效益情况，从宏观上看，还反映了政府购买公共服务这一制度创新在实践中落实的成效。而且这一模块工作的实际执行者是众多接受委托或中标的承接主体，此时承接主体的诚信程度、专业能力、组织能力和执行能力就成为关键。

在合同履约模块中要做的工作主要包括：按照委托或中标合同中约定的服务项目、服务内容为特定服务对象提供服务；保证服务的提供数量和质量；在合同规定时间内完成服务提供要求等。

（五）绩效评价模块

绩效评价模块是政府购买公共服务工作链条的最后一个环节，也是最为重要的监督环节。以结果为导向的绩效评价工作，将通过政府购买公共服务的结果，对照前期设定的绩效目标，对政府购买公共服务的成果和成效进行评价，以发现其中存在的问题和取得的经验教训，并通过绩效评价结果的运用，促使所有的购买主体和承接主体关心和关注购买公共服务的质量和效益，避免浪费财政资金和造成公众对政府购买公共服务的不信任。

绩效评价模块的主要工作内容包括：设定绩效评价目标；对照绩效评价目标，对购买公共服务项目的财政资金使用情况、购买过程情况、中标情况、合同履约情况、服务质量情况开展评价；第三方中介机构管理；绩效评价专家管理；绩效评价结果运用等。

二、各流程模块的风险识别与风险评估

上述各模块在政府购买公共服务流程中具有的不同作用，以及各模块

不同的工作内容，将政府购买公共服务串成了一个完整的、依次连接的流程链条，缺一不可。但在每一个流程模块中，都存在着各种或明或暗的风险，需要注意加以识别，并评估其风险程度，判断其风险影响。为此，本书将各流程模块中可能存在的风险、风险严重程度以及风险可能造成的影响进行了比较系统的梳理，并通过表 7 – 1 加以说明。

表 7 – 1　　政府购买公共服务流程模块风险识别与风险评估

流程模块	主要工作内容	存在风险	风险程度	风险影响
需求形成模块	根据公共服务供给清单，对公众需求的调查研究并汇总梳理	所立项目不能对接公众切实需要	严重	政府购买的公共服务无法满足公众需要，导致购买结果的低效或浪费
	根据当前条件确定购买需求的范围和内容	需求冒进，当前资源条件无法保证	非常严重	现有财政资源和服务资源无法满足购买公共服务的需要，损害政府信誉
	制订购买项目计划	人为因素影响	非常严重	追求政绩冲动明显，盲目攀比；或者怕担责任，畏手畏脚
	购买主体向主管部门提交购买公共服务项目申请	公众需求的项目立项缺口较大	一般	公众当前最迫切需要的服务项目立项延迟或未获批准，影响公众享受服务
	……			
预算编制模块	根据项目需求和相关依据进行项目预算指标测算	项目预算测算依据不足，用估计数字代替严谨测算	非常严重	预算指标测算结果不实，造成财政资源分配不合理
	进行项目预算编制	编制方法不科学	严重	预算编制水平低，影响项目预算约束力的发挥
	提交项目预算	提交时间、程序不合规	严重	影响政府购买公共服务工作的正常开展
	主管部门审批项目预算	审查不严格，批复不及时	非常严重	丧失预算监督效力，影响政府购买公共服务工作顺利开展的效率和效益
	……			

续表

流程模块	主要工作内容	存在风险	风险程度	风险影响
购买过程模块	购买公共服务方式的选择	方式选择不当	非常严重	影响市场竞争的公平性和公正性，降低政府购买公共服务效率和质量；寻租行为
	购买公共服务信息的发布	不公开发布或有条件公开发布购买信息	非常严重	影响市场竞争的公平性和公正性，降低政府购买公共服务效率和质量；寻租行为
	承接主体资格的认定	人为设置障碍	非常严重	资质优良的承接主体被排除在政府购买公共服务市场竞争之外，不公平、不公正；寻租行为
	招标投标过程	不按规范程序进行招投标	非常严重	损害市场竞争的公平性和公正性，降低政府购买公共服务效率和质量；寻租行为
	评标专家管理	专家选择不恰当；专家打分不公正	非常严重	影响市场竞争的公平性和公正性，降低政府购买公共服务效率和质量；寻租行为
	中标者公示	不公示或不按期公示	非常严重	影响市场竞争的公开、公平和公正；寻租行为
	合同授予	合同条款不严谨、不规范，对双方的权利义务规定不清，对服务标准、服务期限等规定模糊，对违反合同等行为的惩罚性条款不做规定等	非常严重	减弱合同约束力，无法保证购买的公共服务质量；寻租行为
	……			

续表

流程模块	主要工作内容	存在风险	风险程度	风险影响
合同履约模块	按照委托或中标合同中约定的服务项目提供服务	不按照合同要求履约；部分履约	非常严重	政府购买公共服务提供效率低下，质量差；影响政府声誉
	为特定服务对象提供服务	没有或只向部分特定服务对象提供服务	非常严重	政府购买公共服务项目的目标执行打了折扣，影响政府声誉；承接主体责任不到位
	提供合同要求的服务数量和服务质量	不按照合同向服务对象提供服务，或缩小对服务对象的服务范围和内容，降低服务质量	非常严重	政府购买公共服务项目的目标执行打了折扣，影响政府声誉；承接主体责任不到位
	在合同规定时间内完成服务提供要求	不按照合同规定的时间完成服务提供	非常严重	政府购买公共服务项目的目标执行打了折扣，影响政府声誉；承接主体责任不到位
	纠纷争议仲裁	未建立专门的纠纷争议仲裁机制	非常严重	影响各类主体参与政府购买活动的积极性；违反公平公正的基本原则；寻租行为
	……			
绩效评价模块	设定绩效评价目标	绩效评价目标设定不科学、不合理	严重	绩效评价结果偏离目标
	对照绩效评价目标，对购买公共服务项目的财政资金使用情况、购买过程情况、中标情况、合同履约情况、服务质量情况开展评价	评价指标体系设计不科学，评价方法不合理	非常严重	绩效评价的科学性、适用性、公平性、可靠性均打折扣
	第三方中介机构管理	缺乏管理的具体措施和办法；疏于管理	非常严重	绩效评价只走过场，无实际功效

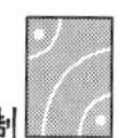

续表

流程模块	主要工作内容	存在风险	风险程度	风险影响
绩效评价模块	绩效评价专家管理	专家选择草率，缺乏专门的管理制度和办法	非常严重	评价的客观性和公正性受到质疑，评价结果不受信服
	绩效评价结果运用	绩效评价结果缺乏运用	严重	只注重绩效评价工作流程的完成和专家情况，却不重视之后的整改措施的落实，使绩效评价流于形式，无法起到监督约束作用
	……			

资料来源：笔者自行整理。

从表7－1可以看出，在政府购买公共服务制度执行中，各流程模块中所蕴藏的风险比较多，风险程度比较严重，造成的风险影响也非常明显。无论哪种风险发生，都会给政府购买公共服务制度的执行和发展带来负面效应，必须加强对其的监督和管理，其中，财政监督是最为关键的一种手段和工具。

第三节　财政监督在各流程模块中的嵌入与运用

为了防范政府购买公共服务制度运行过程中的风险，强化财政监督成为必然的选择。基于财政监督工具的专业化和可嵌入性特征，本书依据政府购买公共服务流程的各个模块，将各种财政监督手段和工具嵌入其中，以发挥其在流程进行中的事前、事中和事后监督功能，从制度运行内部完成财政监督过程，并以此提高财政监督机制的实际效能。

一、需求形成模块中财政监督手段和工具的嵌入与运用

由以上研究可知，在政府购买公共服务需求模块中，容易发生的风险主要包括：所立项目不能对接公众切实需要；需求冒进，当前资源条件无法保证；公众需求的项目立项缺口较大；等等。这些风险的存在，对后续

的政府购买公共服务活动的顺利进行会产生很大的影响。最为直接的不良影响是：其一，政府购买的公共服务无法满足公众需要，导致购买结果的低效或浪费；其二，现有财政资源和服务资源无法满足购买公共服务需要，损害政府信誉；其三，领导者追求政绩冲动明显，盲目攀比，或者怕担责任，畏手畏脚；其四，公众当前最迫切需要的服务项目立项延迟或未获批准，影响公众享受服务；等等。因此，财政在需求形成阶段就要提前介入，利用制度工具进行事前的监督。

具体而言，在需求形成模块中，财政可以选择的政策手段包括以下几个方面。

第一，清晰界定政府购买公共服务的概念、范围边界。当前，在政府购买公共服务领域的概念不清、范围模糊问题，尚未得到很好的解决。而正因为“购买公共服务”中的“公共服务”概念和范围边界的模糊，给制度的实际执行者带来了一些困惑，导致其在实际执行和落实制度时，要么跟风而行，要么畏手畏脚。因此，作为政府购买公共服务的法定监管主体，财政部门应当基于主管者的主体责任，对政府所要购买的“公共服务”作出明确的概念界定，并将其写入政府购买的法规或规章之中，以此使得购买主体思路清晰、导向明确，进而在其确定购买公共服务需求时，有明确的法规或制度依据。

第二，制定政府购买公共服务清单，并进行动态管理。在明确政府购买公共服务的概念、范围和方向之后，要明确制定政府购买公共服务清单。目前我国政府购买公共服务制度中的清单制度已经初步建立起来了。财政部等中央部门和北京市等地方财政、民政等部门已经相继出台了本部门的政府向社会力量购买服务指导性目录。已出台的各级各类指导性目录，将政府购买服务分为三级目录。一级目录包括：“基本公共服务”“社会管理性服务”“行业管理与协调性服务”“政府履职所需辅助性服务”和“其他”五大类，由此基本将明确了面向社会公众的公共服务主要是“基本公共服务”和“社会管理性服务”两大类。但在各级各类科目中并未要求各部门做出详细解释，很多部门的指导性目录的“备注”一栏是空白。而缺乏备注，也就缺乏了对各级各类科目范围及概念的详细解释，在实际操作中还会存在模糊地带。这一点还需在今后的清单管理中做进一步的完善和要求。

第三，加强政府购买公共服务需求立项的审批管理。在当前“放管服”改革的大背景下，各级财政部门也在进行各类行政审批事项的清理，明确自己的权力清单。但本着对财政资金使用负责的态度，各级财政部门应当对政府购买公共服务需求的立项审批加强制度化监管。即要通过确立立项审批监管制度，促使政府购买公共服务主管部门增强责任意识，规范需求形成和立项审批流程。明确要求凡是与社会公众关系密切的购买公共服务项目，必须履行事前调查研究程序，凡未履行该程序的需求申请，一律不得进入审批环节。由此，逐渐形成需求导向性的政府购买公共服务供给理念，实现公共服务与公共需求的对接。

第四，强化政府购买公共服务绩效目标管理。目前，很多地区和部门依照财政部门必须对限额标准以上政府购买服务项目资金开展绩效评价的有关规定，已经开始邀请第三方进行绩效评价，但由于对限额标准以下的公共服务项目申报没有明确要求填报项目绩效目标，使得很多部门和单位采取化整为零的方式进行项目申报，从而避免了项目绩效目标的设定。但是，在当前服务型政府建设的过程中，通过加强财政支出绩效评价，来促使政府治理能力现代化水平不断提高是不可逆转的趋势。而绩效目标的设定是衡量未来支出结果的重要标准。也就是说，政府购买公共服务最重要的是实现什么样的结果，是以当初设定的目标为导向的。如果缺乏目标设定，其结果的考评也就缺乏起码的依据。而政府购买公共服务事项基本都是通过购买具体的服务项目来完成的，因而，对每一个项目的绩效目标设定都非常重要，也是十分必要的，必须加强对绩效目标的管理。应当要求所有政府购买公共服务申报项目填报项目绩效目标，以备进行事前、事中和事后的检查以及进行绩效评价时的参照对比。因此，要求各部门、各单位在设置政府购买公共服务项目的绩效目标时，必须与本级政府、本部门、本单位的发展规划紧密结合，科学合理制定，财政部门和主管部门通过严格审核绩效目标设定的科学性和合理性，来约束购买主体在需求立项中可能发生的随意性。

二、预算编制模块中财政监督手段和工具的嵌入与运用

政府购买公共服务的预算编制，表面上是需要公共服务项目的购买资金多少问题，但本质上却反映着财政资金的合理分配，也就是政府手中掌握的公共资源的科学配置问题。这种公共资源的优化配置，体现了服务型政府建设中强调的民主、公开、透明、绩效等一系列社会治理理念。此模块中存在的各种风险，不仅会对具体的购买资金分配产生直接的影响，而

且也会对政府治理现代化理念的落实产生直接的影响。因此，在这一模块中，财政监督手段和工具必须深嵌其中，以突出用预算这一财政工具在风险防范方面加强政府购买公共服务事前监督的重要功能。

从政府购买公共服务预算编制模块中可以看出，其存在的风险主要在于：其一，项目预算测算依据不足，用估计数字代替严谨测算；其二，编制方法不科学；其三，提交时间、程序不合规；其四，预算审查不严格，批复不及时；等等。这些风险的存在将造成的不良影响有：预算指标测算结果不实，造成财政资源分配不合理；预算编制水平低，影响项目预算约束力的发挥；影响政府购买公共服务制度的公平性和公正性；丧失预算监督效力，影响政府购买公共服务工作顺利开展的效率和效益；等等。而这些风险的不良影响，都将对后期的政府购买公共服务工作的顺利进行设置障碍，必须加强政府购买公共服务预算编制模块的财政监督。为此，各级财政部门要做到以下几点。

第一，要求各部门、各单位细化政府购买公共服务的预算编制。目前，虽然不少地方政府已经出台文件要求建立政府购买服务预算管理制度，但从编制的实际情况来看，预算编制粗糙、水平低的问题并未得到解决。特别是很多社会组织在申报承接政府购买公共服务项目时，预算编制的内容基本只是一个匡算，缺乏明确的测算依据和标准，一些支出指标的数据主要来自估计或推测，预算指标测算的可靠性很低。因此，各级财政部门不仅要明确要求各购买公共服务主体部门和单位在编制预算时必须做到支出按功能分类细化到“项”级科目、按经济科目细化到“款”级科目，而且还必须要求承接主体在申报立项时的项目预算编制必须细化，说明支出项目的依据和标准，以备购买主体的比较和选择。

第二，强化部门预算和政府购买公共服务预算编制的紧密衔接。根据现行部门预算的要求，政府购买服务和政府的货物类、工程类采购都在政府采购预算表中反映，其中并未将政府购买公共服务预算从服务类采购预算中单列出来。这种笼而统之的预算编制表的设计方式，本身就没有突出政府购买的“公共服务”与一般性的政府辅助性和机关后勤性服务之间的区别，由此也造成政府购买公共服务预算与部门预算衔接不紧密的问题。也就是说，通过部门预算无法清晰地看出政府购买公共服务的规模、数量与结构，相应的，也就无法突出预算的监督控制功能。因此，可以要求各部门在编制部门预算时，将政府购买公共服务预算单列出来，以区别于一般性的政府采购资金预算。明确政府采购的资金预算主要反映政府的货

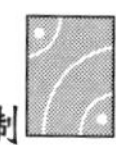

物、工程、辅助性、后勤类服务，而政府购买公共服务的资金预算则专门反映政府购买“公共服务”的项目、内容和资金安排情况。这种预算单列的方法，不仅将改变现在部门预算中尚未单列政府购买公共服务预算存在的问题，而且还进一步从制度层面上落实了政府预算必须公开透明的现代政府治理理念。

第三，强调部门预算编制的完整性原则，妥善安排政府购买公共服务资金。由于政府购买公共服务所需资金基本来自部门和单位的预算资金或经批准的专项资金，全部属于公共资金，必须全部列入部门预算和单位预算内，不能有例外。同时，要求所有部门和单位必须妥善安排所需购买公共服务资金要与自身的预算绩效目标紧密结合，不能随意安排预算政府购买公共服务资金，以避免真正需要多支出的项目却资金安排不足，而一定量的资金即可满足的购买项目却打了大预算，进而导致公共财政资源配置不合理，公共服务购买绩效不佳的问题出现。

第四，健全政府购买公共服务预算编制管理体系。所谓预算编制管理体系，不仅涉及预算的编制方法要科学合理，而且还包括政府购买公共服务支出的标准体系建设、公共服务项目库建设等一系列问题。从目前的情况看，虽然按照财政部的要求和预算管理体系的基本做法，各地的政府购买公共服务预算管理工作运行基本顺畅，但是，从管理绩效来看并不高，甚至政府购买公共服务在全国范围内的整体规模、数量与结构这样的基本数据情况都尚未有官方公开的数据，且在实地调查时，很多购买主体自己也说不清每年本部门、本单位的购买公共服务规模、总量和结构情况，这无疑给财政监督带来了非常大的障碍。因此，建议各级地方政府尽快建立本地区的政府购买公共服务支出标准体系，大力推进政府购买公共服务项目库的建设，逐步在政府购买公共服务的预算编报、资金安排、预算批复等方面建立规范化流程，从而真正健全预算编制管理体系，提高政府购买公共服务预算编制的科学化和规范化。

三、购买过程模块中财政监督手段和工具的嵌入与运用

在实际执行中，政府部门对公共服务的购买行为是通过各部门、各单位作为购买主体进行具体的购买活动来完成的。在购买活动过程中，无论是购买主体，还是承接主体以及中介机构，都是由具体的人来完成各种中间的所有环节。而人们的个体差异不仅表现在对政府购买公共服务工作的

认识观念、业务水平上，还表现在面对各种利益诱惑所能坚守的道德操守上。因此，如果没有制度约束，在政府对公共服务购买的过程模块中就极易出现各种风险，进而直接导致购买行为出现偏差而影响购买结果的效率和效益。根据前文的分析，在政府购买公共服务的购买过程模块中，最容易出现的风险主要包括：购买公共服务的方式选择不当；购买主体不公开发布或没有条件公开发布购买信息；购买主体人为设置承接主体资质障碍，影响其他人参与市场竞争；不按规范程序进行公开招投标；对评审专家选择不恰当，专家打分不公正；合同条款不严谨、不规范，对双方的权利义务规定不清，对服务标准、服务期限等规定模糊，对违反合同等行为的惩罚性条款不做规定；等等。这些风险将导致的不良后果是：其一，影响市场竞争的公平性和公正性，降低政府购买公共服务的效率和质量；其二，极易导致寻租行为，发生腐败问题；其三，致使资质优良的承接主体被排除在政府购买公共服务市场竞争之外，不公平、不公正；其四，影响市场竞争的公开、公平和公正；等等。

针对上述风险及其可能产生的后果，本书认为必须加强对政府购买公共服务过程的财政监督。通过将财政监督手段和工具嵌入购买过程中，才能够有效防范风险，保证市场竞争的公平性和有效性。因此，应当从以下几个方面嵌入财政监督手段和工具。

第一，强力推进政府购买公共服务信息公开。财政部门要充分利用信息公开这一有力手段，要求所有政府对公共服务的购买无论选用哪种购买方式，即无论是否采用公开招投标方式进行购买，都必须在指定的媒体渠道向全社会公开购买信息。即便采用的是委托购买方式，也可以通过向全社会公开购买信息，实现全社会对该项购买公共服务活动的监督。向社会公告的购买信息，应当包括政府购买的公共服务项目、服务内容、购买规模、服务标准、服务期限、对承接主体的资质要求等。如果是公开招投标方式向承接主体进行购买的，还要对标书的制作要求、应提交的相关材料、投标时间、地点等信息一并纳入信息公开范围之内。

第二，严格规范政府公共服务的购买方式。财政部门要明确规定何种情况可以选择何种方式进行公共服务的购买，以约束购买主体不能任意选择购买方式，防止购买主体利用各种手段化整为零、避重就轻地规避集中招投标购买。虽然，现在各地区根据《政府采购法》的规定已经明确了政府购买公共服务可采取公开招标、邀请招标、竞争性谈判、单一来源采购等方式来确定承接主体，但在实际执行中真正采取市场化招

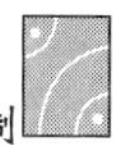

投标选择承接主体的公共服务采购还很少，很多部门和单位出于各种考虑，还是愿意尽量采用单一来源采购，也就是直接委托事业单位作为承接主体，或者通过委托有政府背景或有政府财政支持的社会枢纽组织作为承接主体。一方面，比较放心、稳妥；另一方面也便于管理，操作比较简单，从而避免了因招投标而带来的麻烦。但如此一来，直接减弱了政府购买公共服务活动的市场化程度，通过政府购买公共服务支持和促进各种民间社会组织成长、活跃政府购买公共服务市场、降低公共服务购买成本、提高公共服务购买质量的目的就难以真正实现。因此，在现有政府采购法律制度的基础上，应当进一步明确政府购买公共服务购买方式的选择标准。

第三，财政部门要加强对评审专家的管理。评审专家的公平性和专业水平，将直接影响评审结果的公正性。如果专家管理不严格，很容易在购买过程中出现打分不公平，最终误导评审结果的情况。而如果专家出现了道德风险，则会造成评审结果出现重大的不公正现象，直接影响政府购买公共服务的声誉。因此，必须加强对评审专家的管理。要严格按照财政部颁发的《政府采购评审专家管理办法》（以下简称《办法》）规定的条款，选聘、解聘、抽取、使用和监督管理评审专家，对专家库实行动态管理，对不合格的专家及时清理，并及时增补新的合格专家。虽然《办法》规定了对“技术复杂、专业性强的采购项目，通过随机方式难以确定合适评审专家的，经主管预算单位同意，采购人可以自行选定相应专业领域的评审专家”，在政府购买公共服务中确实有些领域的专业性很强，如医疗服务等，但在专家选取上也要避免人员固化，以防止专家长期在一个领域中参与评审而出现的道德风险。

第四，严格规定招投标规范化程序。公开招投标，是《政府采购法》规定的政府购买公共服务方式之一，也是一种最具有竞争、公开透明程度最高的一种方式。如果在实际招投标过程中，不遵守规范化程序，极易导致招投标结果出现问题，甚至在招投标过程中出现寻租行为，使得招投标结果不公正，影响市场主体的公平竞争。因此，财政部门必须严格规范招投标程序，任何部门和单位通过招投标方式进行公共服务购买都必须照此执行。如不按此执行，一旦出现问题，将严肃追究领导者和直接责任者的行政责任，甚至刑事责任。

根据政府采购招投标程序，政府购买公共服务招标投标活动应当经过招标前的准备工作、招标、投标、开标、评标与定标等几个程序。

（1）政府购买公共服务项目招标前的准备阶段。

要对招标投标活动的整个过程作出具体安排，包括对招标项目进行论证分析、确定采购方案、编制招标文件、制定评标办法、组建评标机构、邀请相关人员等。具体工作包括以下几个方面。

一是制定政府购买公共服务项目招标总体实施方案。制定政府购买公共服务项目招标总体实施方案，即要对招标工作做出总体安排，包括确定招标项目的实施机构和项目负责人及其相关责任人、具体的时间安排、招标费用测算、购买风险预测以及相应措施等。

二是对政府购买公共服务项目进行综合分析。根据政府购买公共服务计划、购买主体提出的购买需求或购买方案，从资金、专业领域、服务对象和市场情况等几个方面对公共服务项目进行综合分析，也可邀请有关方面的专家参加对项目的论证，并对公共服务进行相应的市场调查，以提高综合分析的准确性和完整性。

三是确定政府购买公共服务招标购买方案。依据对项目的综合分析，会同购买主体及有关专家确定招标购买方案。确定项目所涉及服务的技术规格、服务标准、主要条款，以及公共服务项目的购买清单等。对一些较大的公共服务项目，可在确定购买方案和清单时进行分包。

四是编制政府购买公共服务招标文件。招标人根据招标项目的要求和招标购买方案编制招标文件。招标文件一般应包括招标公告（投标邀请函）、招标项目要求、投标人须知、合同格式、投标文件格式五个部分。

五是组建评标委员会。评标委员会由购买主体的代表及技术、经济、法律等有关方面的专家组成，总人数一般为5人以上单数，其中，专家不得少于2/3。与投标人有利害关系的人员不得进入评标委员会。在招标结果确定之前，评标委员会成员名单应当保密。

六是邀请有关人员。邀请有关人员参加开标仪式，并邀请监督机关（或公证机关）派代表进行现场监督。

（2）政府购买公共服务的招标阶段

此阶段，应按照招标、投标、开标、评标、定标几个步骤组织实施，基本程序包括以下几个方面。

一是招标。具体包括：发布招标公告（或投标邀请函）；资格审查；发售招标文件；招标文件的澄清、修改。

二是投标。具体工作包括：编制投标文件；投标文件的密封和标记；在规定时间内送达投标文件。

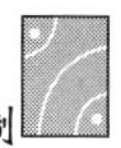

三是开标。包括：举行开标仪式。开标应当作记录，存档备查。

四是评标。开标仪式结束后，由招标人召集评标委员会，向评标委员会移交投标人递交的投标文件。评标由评标委员会独立进行，评标过程中任何一方、任何人不得干预评标委员会的工作。

五是定标。招标人对评标委员会提交的评标结论进行审查，并在规定时间内从评标委员会推荐的中标候选人中确定中标人。中标人必须满足招标文件的各项要求，且其投标方案为最优，在综合评审和比较时得分最高的。在确定中标后，招标人应将中标结果书面通知所有投标人。

六是签订合同。中标人应当按照中标通知书的规定，并依据招标文件的规定与购买主体签订合同。

以上规范化的政府购买公共服务公开招投标程序，既是实际运行中应当遵守的标准流程，又是财政部门对政府购买公共服务招投标过程进行监督的重要依据。购买主体和招标人如有违反规范化程序进行招投标活动的，财政部门有权责令其取消招投标活动或认定中标结果无效。

第五，必须加强合同内容管理。针对当前一些政府购买公共服务合同存在的条款不严谨、不规范，对双方的权利义务规定不清，对服务标准、服务期限等规定模糊，对违反合同等行为的惩罚性条款不作规定等问题，财政部门必须加强对合同内容的监管。财政部门应当通过制度化的规定，要求在政府购买公共服务合同中，必须载明购买公共服务的内容、期限、数量、质量、价格等要求，同时还必须载明资金的结算方式、双方的权利义务事项和违约责任等内容，以此治理和约束政府购买公共服务合同订立过程中存在的各种不规范、不完整的问题。

第六，加强政府购买公共服务中的资金支出管理。在政府购买公共服务的执行过程中，应当强调必须通过财政监督部门、主管部门和国库管理部门的协同配合，才能完成资金的支付。建议在财政系统内部，以“金财工程”（GFMIS）为依托，建立政府购买公共服务执行信息系统，将购买主体、主管部门和财政国库支付中心的职能流程相分离，分别授予其相应权限，使其相互监督，形成制约关系。具体而言，就是根据购买主体的需求和意见，财政监督部门和主管部门在对合同进行阶段性评估后向国库支付部门发出款项审核意见，最终由国库集中支付中心完成款项的操作支付环节。在资金的管理、审批和支付流程中，财政监督部门将政府购买公共服务执行信息系统嵌入购买活动的流程之中，对购买情况和资金流向进行实时监控。当发现疑点和问题时，财政监督部门可在第一时间向主管部门

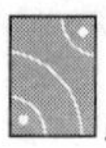

反馈监督情况，或发布风险预警，由购买公共服务的主管部门启动相应的防控程序。在此监督机制中，财政监督部门能够及时、全面地掌握资金的详细情况，有利于确保资金的安全，并对承接主体形成一定的制约作用。

四、合同履约模块中财政监督手段和工具的嵌入与运用

根据前期调研了解到，当前，我国各地政府购买公共服务合同履约的情况并不乐观。大量承接主体承接政府购买公共服务的目的是为了通过争取立项并签订合同，从政府那里获得相应的财政资源。而一旦签订了服务合同，财政资金到手，相当多的承接主体就出现了履约动力明显不足的现象。而由于监督手段跟不上，购买主体也往往对其无可奈何，只能听之任之。这种现象的大量存在，导致政府购买公共服务的实际效果大打折扣，在一定程度上浪费了有限的财政资金。

在前文中，我们分析了在合同履约模块中政府购买公共服务存在的风险主要有：不按照合同要求履约或部分履约；没有或只有部分向特定服务对象提供服务；不按照合同向服务对象提供服务，或缩小对服务对象的服务范围和内容；不按照合同规定的时间完成服务提供；未建立专门的争议仲裁机制；等等。由此造成的不良影响有：其一，政府购买公共服务提供效率低下，质量差；其二，政府购买公共服务项目的目标执行打了折扣，影响政府声誉；其三，承接主体责任不到位，影响公众对公共服务的享受；其四，缺乏纠纷争议仲裁机制，导致承接主体申诉无门，违反公平公正的基本原则，打击其参与政府购买活动的积极性，甚至造成寻租行为；等等。因而，强化履约模块的财政监督成为必须。

第一，财政部门可以通过建立政府购买公共服务合同履约监管制度和“承接主体黑名单”制度，强化在合同履约模块中的财政监督。具体做法包括以下几个方面。

（1）建立政府购买公共服务合同履约监管制度。首先，明确规定购买主体必须履行购买公共服务合同管理责任，督促承接主体严格履行合同，及时了解和掌握所购买的公共服务项目实施进度，严格按照国库集中支付管理的有关规定和合同执行进度支付款项。在承接主体完成合同约定的服务事项后，及时组织对履约情况进行检查验收。其次，明确承接主体应当按合同履行提供服务的义务，保质保量地实施服务项目，按时完成服务项目任务，严禁转包行为。最后，财政部门应当建立定期或不定期抽查各部

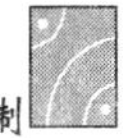

门各单位的政府购买公共服务合同及其履约情况的监督检查机制。根据《中华人民共和国合同法》《中华人民共和国政府采购法》等相关法律法规，对政府购买公共服务的合同内容不完整、事项载入不清等情况，财政部门应当责成购买主体及时纠正，并追究其责任。对购买主体不认真履行合同管理责任、放任承接主体随意违约或不按合同约定履约的，财政部门不仅要责成其及时改正，而且还可在下一年度削减其购买公共服务预算指标。

（2）建立“承接主体黑名单”制度。对不认真履约或履约不力的承接主体，财政部门应将其纳入“承接主体黑名单”，并向社会公开公示。同时，规定凡纳入黑名单的承接主体，三年之内不得再参与政府购买公共服务活动。三年之后，需经财政部门和主管部门重新审核之后，方能重新取得参与政府购买公共服务活动的承接主体资格。

第二，建立专门的政府购买公共服务争议仲裁机制。由于政府购买公共服务涉及面广，牵扯各方利益，特别是公众利益，且最终反映政府形象，一旦发生争议纠纷，就会在一定程度上影响政府声誉。在现有的政府采购法律救助制度下，政府采购的货物、工程和一般服务的纠纷仲裁机制已经建立起来，并且在一定程度上成熟运转。但是，在政府购买公共服务领域，其针对性还不是很强。政府采购的货物和一般服务大多是在政府及其所属机构中使用，与社会公众的直接利益相关性不大；而工程类采购也与公共服务购买有着很大的区别，因此，有必要针对政府购买公共服务确立专门的争议仲裁机制。本书建议，可以尝试建立“政府购买公共服务纠纷争议仲裁委员会”，专门处理该领域中出现的纠纷和争议。

“政府购买公共服务纠纷争议仲裁委员会”，是独立、公正、高效地解决平等主体的公民、法人和其他组织之间发生的合同纠纷和其他财产权益纠纷的常设仲裁机构。依据《中华人民共和国仲裁法》第十条规定：“仲裁委员会可以在直辖市和省、自治区人民政府所在地的市设立，也可以根据需要在其他设区的市设立，不按行政区划层层设立。仲裁委员会由前款规定的市的人民政府组织有关部门和商会统一组建。设立仲裁委员会，应当经省、自治区、直辖市的司法行政部门登记”。第十四条又规定：“仲裁委员会独立于行政机关，与行政机关没有隶属关系。仲裁委员会之间也没有隶属关系”。[①] 据此，我国政府购买公共服务纠纷争议仲裁机构可设省

① 张珺：《公共资源交易争议解决引入仲裁制度的构想》，载《招标采购管理》2015年第3期，第30~32页。

级、市级和县（区）级三级，分别对省、市、县（区）三级政府部门和单位的政府购买公共服务的纠纷争议进行独立、公正地仲裁，以此提高政府购买公共服务的救济效率。

五、绩效评价模块中财政监督手段和工具的嵌入与运用

在服务型政府建设中，推动政府治理体系和治理能力现代化的一个重要工具就是对财政支出进行绩效评价。政府购买公共服务作为实现政府公共服务职能的重要手段，其所使用的财政资金同样属于财政支出范围，也必须对其使用的情况和结果进行绩效评价。即便在政府购买公共服务领域引入社会资本参与，也必须依照对出资人负责的契约关系，对政府购买公共服务的资金支出、使用和效益情况接受绩效评价。同时，根据我国《中华人民共和国预算法》和《中华人民共和国政府采购法》的规定，政府购买支出必须依法进行绩效评价。目前，根据中央财政部的要求，政府购买公共服务的绩效评价采用的是引入第三方机构评价的方式。这种方式可以在最大限度内实现对政府购买公共服务的绩效进行客观公正的评价，以避免财政部门和其他政府机构既当运动员又当裁判员的尴尬，可以增加公众的信任度。但是，由于财政支出绩效评价在我国正式开展的时间不长，积累的经验比较少，存在的问题也比较多。

事实上，政府购买公共服务的绩效评价是随着我国财政支出绩效评价工作的开展而推行的。目前，根据各级政府的相关规定，虽然已经在工作流程上取得了比较好的进展，但其实际的实施效果却不尽如人意，尚存在许多风险需要加以防范。主要包括：政府购买公共服务绩效评价目标设定不科学；评价指标体系设计不科学，评价方法不合理；第三方评价机构地位尴尬，缺乏对第三方机构管理的具体措施和办法，疏于管理；专家选择相对随意，缺乏专门的管理制度和办法；绩效评价结果缺乏运用；等等。上述风险可能产生的影响主要在于：一是绩效评价结果偏离目标；二是绩效评价的科学性、适用性、公平性、可靠性均打折扣；三是评价的客观性和公正性受到质疑，评价结果不受信服；四是各方面只注重绩效评价工作流程的完成和专家情况，却不重视之后的整改措施的落实，使绩效评价流于形式，无法起到监督约束作用；等等。

针对上述风险及其可能造成的不良影响，本书认为，应当采取以下措施来加强政府购买公共服务绩效评价的财政监督。

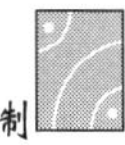

第一，建立科学可行的政府购买公共服务绩效评价指标体系。应针对政府购买公共服务的特点，有针对性地设计绩效评价指标，特别是对经济效益评价指标和社会效益评价指标的设定，应当紧密结合政府购买公共服务所处领域、类型和专业特征等，参照各行业标准，分别制定其社会效益、经济效益和服务质量的绩效评价指标体系，使指标体系具有明确指向性，避免过于宏观、模糊，以改变被评价部门和单位在进行自评报告撰写时无所适从，而评价结果也难以保证公平的现象，保证绩效评价工作的专业针对性。同时，在进行绩效评价指标体系的设计中，必须坚持绩效评价内容全面、方法科学、制度规范、客观公正、操作简便的基本原则，不断提高绩效评价指标体系的适用性、可比性和准确性。

第二，确立准确的评价方法。为了增强政府购买公共服务绩效评价的社会公信力，财政部门应当不断改进和完善绩效评价方法。在坚持定量分析与定性分析相结合原则的基础上，将可以量化的指标全部进行定量分析。包括以往使用定性分析较多的社会效益评价指标、可持续发展指标等，也应当尽可能要求量化。对大部分指标通过功效系数法、综合指数法、数据标准化法、主成分法等方法进行定量分析，对少部分确实难以量化的社会效益指标则采取隶属因子赋值法和德尔菲法等进行评价。同时，财政部门应当不断检查和总结绩效评价方法的优缺点，适时改进绩效评价方法，通过不同评价方法的最佳组合，弥补各种非客观因素所造成的评价结果误差，使绩效评价更加客观真实，与实际情况相符。

第三，提高公众满意度指标占比。政府购买公共服务与其他政府购买服务的最大区别在于其服务对象就是社会公众。对公共服务购买的绩效评价，不仅涉及财政资金使用的问题，更重要的是在现有财政资源配置情况下，政府通过市场化提供给社会公众的公共服务是否得到了公众的认可和满意，这是该项制度推进实施的重要目的，反映了政府作为公共资金托管人的公共责任落实的结果，自然也应当是绩效评价的重要指标。因此，一方面应当强调对各类服务项目的绩效评价，必须吸收服务对象参与并进行满意度评价，以保证服务质量绩效评价的真实性；另一方面应当在整个绩效评价指标体系中提高这一指标的权重。增加公众满意度指标占比，不仅能够体现公众对政府购买公共服务回应自身需求的满意程度，而且也可以打破传统的来自政府序列自上而下的评议制度中忽视社会公众利益和需求的局限，真正将自上而下的评议与自下而上的评议结合起来，相互补充。而公众满意度的结果，可以为今后政府调整施政方略提供有益的参考。本书认为，可将公众满意度指标的占比提高至35%～40%。

第四，建立政府购买公共服务成本质量标准体系。绩效评价本身就是在用专业的方法和手段对所评价对象的经济社会等行为进行综合分析和判断，其评价结果可以在同类部门、单位和项目之间进行比较，并用奖优罚劣的方法促进被评价对象不断改进和提高工作效率。但是要进行评价，必须设定绩效评价标准，它是评价结果的对比参照物。由于我国全面推行政府购买公共服务制度的时间较短，绩效评价还很不成熟，再加上公共服务领域众多，专业性比较强，制定各领域各专业的公共服务成本质量标准尚需时日，所以，至今仍然缺乏统一的绩效评价参照标准。因此，建议财政部门积极组织各行业主管部门或动员行业协会，从理论和实践两个层面进行研究，在学习和借鉴国内外先进经验与做法的基础上，参照国际国内通行的公共服务标准，在全国建立起比较完整的、适合我国各地实际情况的政府购买公共服务质量标准体系，并进行实时动态管理，进而使未来的绩效支出评价更加客观、公正、公平和具有可比性。

第五，加强对第三方评价机构和评价专家管理。虽然，现在在政府购买公共服务领域已经成功引入第三方机构进行绩效评价，也明确了基本工作流程，但对第三方机构的法制定位、绩效评价原则、程序、方法和指标等并未作出明确规定，第三方机构的角色地位比较尴尬，影响了其认真参与评价的积极性。在实际调研中我们发现，所谓的第三方评价机构主要是会计师事务所，一些会计师事务所虽然承接了政府购买公共服务的第三方评价工作，但只是把它当作很小的一块业务收入，并未真正投入骨干力量从事这项工作。其在专家选取上有时比较随意，虽然也会对专家资格进行甄别，但往往简单粗糙。如此情况之下，很难保证政府购买公共服务绩效评价结果的客观和公正。因此，建议学习广州、东莞、珠海等地，专门制定出台了《政府购买社会工作服务考核评估管理办法》，明确规定第三方机构在政府购买公共服务绩效评估中的地位与作用，并规定第三方机构绩效评估的原则、考核指标、考核方式、考核结果运用以及专家管理等内容，使第三方机构在绩效评价中有明确的制度依据。在实际操作中，委托第三方机构评价时，应当选择具有相关领域专业评价能力和评价经验的机构，至少邀请具有实际工作经验的专家参与第三方评价，真正做到“内行评价内行”，以保证评价工作的质量和公信力。同时，应专门建立政府购买公共服务绩效评价专家库，将各专业领域的业务专家纳入该专家库，并定期更新和补充，以充实各专业领域绩效评价的专家队伍，保证绩效评价

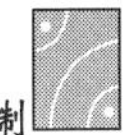

结果的可靠性。

第六，强化对政府购买公共服务绩效评价结果的运用。在绩效评价实践中，只重视评价过程和打分，而不重视购买服务项目实际运行情况的一个重要原因，就是政府购买公共服务绩效评价结果缺乏具体的运用。也就是说，并没有哪个部门或哪家单位因为绩效评价结果较差而受到真正的处分，现有的问责机制在实际实施中力度还比较弱，并没有对绩效评价较差或不合格的购买主体实施具体的惩罚措施，不能够引起购买主体对政府购买公共服务绩效管理的足够重视，也使得绩效评价结果基本流于形式。因此，本书建议各级财政部门继续完善绩效评价制度的应用机制，明确规定具体的奖惩数额，即明确规定优秀应当获得的表彰或奖励，较差应当扣减预算的比例，以及应当如何追究部门和单位领导者的财政责任。

第七，构建政府购买公共服务质量的长效跟踪机制。通过建立政府向社会力量购买公共服务信用档案，对被发现不符合资质要求、歪曲服务主旨、弄虚作假、冒领财政资金等违法违规行为的承接主体，记入信用档案“黑名单”，并依法依规进行相应处罚，情节严重的，禁止其今后参与政府购买公共服务项目的申报。

第四节 “模块化嵌入式”政府购买公共服务财政监督机制的配套政策

通过以上研究，我们建立了政府购买公共服务“模块化嵌入式”财政监督机制，用以防范制度运行过程中可能出现的风险。但是，该财政监督机制的实际运用，还必须有相应的配套政策加以支持，才能保证其实际应用效果。为此，本节将重点讨论配套政策问题。

一、增强公众对政府购买公共服务制度的认知程度

一项新制度的顺利推行，离不开社会公众的积极参与和支持。政府购买公共服务作为政府职能转变和社会治理创新的工具，其健康发展必须得到广大人民群众的理解和支持。我国《政府采购法》第十五条中规定：“政府向社会公众提供的公共服务项目，应当就确定采购需求征求社会公众的意见。”如果因公众对制度的认知度很低而导致无法参与政府购买项

目的需求制定，将不符合法律的要求。虽然从政策层面上看，政府购买公共服务制度的建立已经通过政府文件的颁布告知社会，但还远远不够，还应当通过各种方式、利用各种渠道，让公众了解政府购买公共服务的目的、范围、项目种类、经费来源、支出用途以及服务质量等，特别是与广大社区居民关系极为密切的政府购买基本公共服务项目，更应当尽量做到广泛宣传。根据政府购买公共服务贴近民生需要的特点，建议有关部门除可利用传统媒体和新媒体的优势继续加大宣传的力度之外，还可通过印制宣传册、制作公益宣传片、在社区学校宣讲、入户征求意见、组织社会组织和企业培训等方式，切实提高公众、社会组织和其他市场主体对制度的认知程度，使他们更加明确地理解政府购买公共服务的目的，同时，也可以使购买主体更加深入地探寻百姓的实际服务需求，回应公众关切，并邀请服务对象参与对服务质量的评价。只有这样，政府购买公共服务的这项制度才能够拥有更加广泛的群众基础，进一步打牢扩大政府购买公共服务范围、稳步推进制度健康发展的社会根基。

二、提高政府购买公共服务的透明度

现代政府治理的一个重要特征就是强调公开透明，政府购买公共服务作为政府职能转变和社会治理创新的工具，必须符合这一基本要求，更何况公开透明是我国《预算法》和《政府采购法》的法律规定。2014 年新修订的《预算法》第十四条规定：“各级政府、各部门、各单位应当将使用财政性资金集中采购货物、工程和服务的情况及时向社会公开。”同年修订的《政府采购法》第三条也规定：“政府采购应当遵循公开透明原则、公平竞争原则、公正原则和诚实信用原则。”因此，按照两部法律的要求，提高政府购买公共服务的透明度，特别是购买过程、预算资金使用以及绩效评价等的透明度，构建政府购买公共服务的公开透明机制，应当成为未来制度建设的重要内容。首先，政府购买公共服务作为财政支出的重要组成部分，不但要按照要求全部编入各级部门预算，而且应当明示，以加强公众对购买项目规模和方向的了解与监督。其次，增强购买过程的透明度。要明确指定各级政府购买公共服务信息的发布渠道，建立统一的政府购买公共服务信息平台；统一制定各种购买方式的规范化购买流程；明确制定各类各种服务的购买标准、资金预算、质量要求和服务数量等；制定标准化合同。最后，政府购买公共服务的绩效评价结果必须通过指定的信息发布渠道向社会公开。通过公开透明机制的构建，不仅能够促进政府购买公共服务真正实现“阳光下的采购”，让更多公众、社会组织和企业增强对制度的信任，从而更加广泛地吸引社会力量参与进来，而且也有利于社会公众对制度运行过程的监督，防范政府购买公共服务过程中的道德风险。

三、完善权责明确的政府购买公共服务财政监督管理体制

财政监督管理体制是财政监督领域的基本制度，涉及各种纵向和横向的主体权责关系的划分。如果管理体制不明确，权责界限不清楚，财政监督机制的运行效果将会大打折扣。因此，建立我国政府购买公共服务财政监督创新机制，并保证其顺畅运转，必须完善权责明确的政府购买公共服务财政监督管理体制。首先，要明确完善财政监督管理体制的目的，是为了保证我国政府购买公共服务“模块化嵌入式”财政监督创新机制的顺利运行，提高财政监督的整体效率，促进政府购买公共服务制度的健康有序发展，提升政府向公众提供公共服务的能力和水平。其次，要明确政府内部不同层级之间、不同部门之间在财政监督中的地位和作用，即划分纵向和横向的权责关系。通过清晰的权责划分，使得我国各级政府、各部门、各单位都明确知晓自己在政府购买公共服务方面的监督职责和可行使的监督权力，从而避免因权责划分不清导致的监督不力问题。就实际工作而言，政府购买公共服务事项越贴近民生和公民福祉，其具体的工作责任就越会下沉到基层政府机构和社区组织，基层街道和社区组织在政府购买公共服务中的地位和作用也就越突出。应当进一步细分政府购买公共服务的项目类型，根据不同公共服务领域的项目类型特点，明确区分各层级政府购买公共服务的购买权、管理权和监督权。这样，既可以充分调动各层级政府机构和社区组织参与政府购买公共服务监督管理的积极性和主动性，也便于对各层级政府部门在政府购买公共服务中的履职情况进行绩效评价。最后，要明确政府外部监督力量的地位和作用，鼓励各种社会力量积极参与到政府购买公共服务的监督之中，以协助财政部门多方位、全角度地监督政府购买公共服务制度的运行。

四、健全政府购买公共服务的法律法规体系

健全政府购买公共服务的法律体系，保证政府购买程序的法定性，完

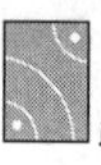

善政府购买公共服务的法规或规范性文件，明确购买公共服务的范围。尽管《政府采购法》是一部程序性很强的法律，但其对政府购买公共服务的具体规定却很模糊，法定程序不明导致政府购买公共服务有很大的自由性，对其法律后果规定不明，对违反规定相关人员的责任追究不到位。西方发达国家为解决这一问题，对公共服务按其性质进行了严格的分类，并对公共服务的范围和领域有明确的界定；我国香港地区将公共服务分为核心服务、辅助服务及商业服务三类，除核心服务职能外，明确以立法的形式规定辅助服务和商业服务均可以通过政府购买的方式由社会组织提供，并明确鼓励私营部门承包的方式。因此，在完善《政府采购法》的基础上，也要打破这一领域无法律程序可依的困境，详细规定各种购买行为程序的目的就是确保购买行为在预定的法律轨道内运行，突出程序性，减少购买主体的自由裁量权，保证政府购买服务在公开、透明的环境中运行。这就要求全国人大及其常委会应该尽早把行政程序法提上议事和立法日程，只有通过《行政程序法》，才能为政府购买公共服务制定法律法规及规范性文件提供依据，只有从制度源头上明确政府购买公共服务的购买主体资格、购买内容、购买对象、购买规程及资金来源等，才能够使各个监督主体更好的监督评估，加强管理。地方政府在现有法律条件下，可通过制定地方性法规，将上述问题进行法制规范，从而保证财政监督创新机制的运行具有充分的法制依据。

五、建立公平开放的政府购买公共服务市场规则

必须建立公平开放的政府购买公共服务市场规则，推动民营化和市场化发展，培育政府购买公共服务领域的市场意识。政府购买公共服务的公益属性决定了其不能完全以营利为目的，其最终目的是为社会提供优质的公共服务，满足群众的需要。所以，政府购买公共服务不能带有个人偏好，不能盲目追求消费档次，应该在保证质量的前提下，充分发挥其经济实效，利用有限的政府财政资源为社会大众提供更好的服务。同时，我们还必须认识到政府购买公共服务资金来自广大纳税人，要确保其知情权，即了解这些资金是如何使用的。这就要求在政府购买公共服务的过程中必须遵循公开原则，确保购买程序和购买过程等购买信息的完全依法公开，广泛接受社会和民众的监督。因此，建立公平开放的市场规则，使政府购买公共服务活动在公开的市场环境中进行，通过公平的市场竞争机制，公

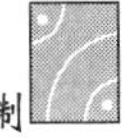

正地选择公共服务承接主体，实现所购公共服务物有所值的目标，成为保证政府购买公共服务财政监督创新机制顺利运行的重要保障。只有公平开放，才能让更多的竞争者进入政府购买公共服务市场，也只有公平开放，才能让更多的市场主体和社会公众关注和了解购买活动的过程与结果是否存在问题，并协助财政部门进行监督。

六、大力培育和发展社会组织

大力培育和发展社会组织，是建构公民社会的基本内容，也是促进政府购买公共服务市场健康发展的重要基础。如果没有大量的、具有合格资质的社会组织成长，政府购买公共服务承接主体的质量就无法保证，相应的，政府所购公共服务的质量也将难以保证。因此，政府积极主动地促进和帮助社会组织成长，可以创造良好的政府购买服务的社会土壤。在现实中，尽管政府购买公共服务的购买对象很多，但无论是从西方国家的实践来看，还是从我国现今社会实际出发来看，社会组织作为公共服务提供方都更方便服务公众。目前，尽管我国各类社会组织的数量不断增多，结构也在不断完善，但整体发展情况仍然落后于发达国家。在一些领域中，社会组织的数量较少、实力薄弱，特别是在争取政府购买公共服务项目过程中暴露出来的社会组织定位不清晰、发展战略不明确、缺乏发展规划、财务管理混乱、内部控制制度缺乏、专业性不强的问题，在短时间内难以一下子解决，需要各级政府从更加长远的战略角度精心、耐心、悉心、热心地帮助和扶持社会组织快速成长。只有当大量战略定位清晰、组织结构完整、运作成熟、服务能力强且高度专业化的社会组织存在时，政府购买公共服务市场的竞争才能够更加充分，公共服务购买主体对承接主体的选择余地更大，不但可以增加议价空间，而且还能大幅度提高所购公共服务的水平。不仅如此，大量成熟社会组织参与政府购买公共服务领域的竞争之中，无形之中也会形成一种自发的相互监督机制，即社会组织之间的相互监督、社会组织对购买主体和中介机构活动的监督，从而为财政监督创新机制的运用打下良好的社会环境基础和起到积极的帮助作用。因此，可通过项目委托、以奖代补、财政直接补贴、组织专门培训和经验交流等手段，大力促进各类社会组织尽快成长。

参考文献

[1] 王梅:《规制政府购买公共服务行为的制约因素及其体系建构》,载《改革与战略》2012 年第 4 期。

[2] 邰鹏峰:《政府购买服务的制度成效、问题与反思——基于内地公共服务现状的实证研究》,载《学习与实践》2012 年第 9 期。

[3] 李海平:《政府购买公共服务法律规制的问题与对策》,载《国家行政学院报》2011 年第 5 期。

[4] 苏明、贾西津、孙洁、韩俊魁:《中国政府购买公共服务研究》,载《财政研究》2010 年第 1 期。

[5] 杨宝:《政府购买公共服务模式的比较及解释——一项制度转型研究》,载《中国行政管理》2011 年第 3 期。

[6] 万军:《大力推进政府购买公共服务:公共治理变革之道》,载《公共管理科学》2009 年第 6 期。

[7] 韩俊魁:《当前我国非政府组织参与政府购买服务的模式比较》,载《经济社会体制比较》2013 年第 6 期。

[8] 孙晓莉:《政府购买公共服务中的风险及其防范与治理》,载《改革研究》2015 年第 7 期。

[9] 王卫:《城市治理中的公私伙伴关系:一个街道公共服务外包的实证研究》,载《广东社会科学》2010 年第 3 期。

[10] 叶海瑛:《宁波市政府购买服务的实践与思考》,载《中国行政管理》2015 年第 1 期。

[11] 杨安华:《回购公共服务:后民营化时代公共管理的新议题》,载《政治学研究》2014 年第 5 期。

[12] 姜朝裕、王韬:《宁波镇海政府购买公共服务风险及管控机制》,载《中国招标》2015 年第 3 期。

[13] 徐家良、赵挺:《政府购买服务评估机制研究》,载《政治学研究》2013 年第 5 期。

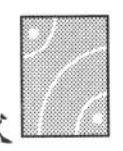

[14] 胡伟、杨安华:《西方国家公共服务转向的最新进展与趋势——基于美国地方政府民营化发展的纵向考察》,载《政治学研究》2009 年第 3 期。

[15] 李军鹏:《政府购买公共服务的学理因由、典型模式与推进策略》,载《改革》2013 年第 12 期。

[16] 郑卫东:《城市社区建设中的政府购买公共服务研究——以上海市为例》,载《云南财经大学学报》2011 年第 1 期。

[17] 王名、乐园:《中国民间组织参与公共服务购买的模式分析》,载《中共浙江省委党校学报》2008 年第 4 期。

[18] 周俊:《政府购买公共服务的风险及其防范》,载《中国行政管理》2010 年第 6 期。

[19] 张汝立、陈书洁:《西方发达国家政府购买社会公共服务的经验与教训》,载《中国行政管理》2010 年第 11 期。

[20] 句华:《美国地方政府公共服务合同外包的发展趋势及其启示》,载《中国行政管理》2008 年第 7 期。

[21] 杨承志、王韬:《政府购买公共服务风险及管控机制研究——以浙江省宁波市镇海区为例》,载《招标与投标》2015 年第 3 期。

[22] 高新才:《欠发达地区农村公共服务供给的创新方案》,载《社科纵横》2006 年第 6 期。

[23] 李璐:《我国政府购买社会公共服务问题研究》,载《中国物价》2011 年第 4 期。

[24] 彭浩:《借鉴发达国家经验推进政府购买公共服务》,载《财政研究》2010 年第 7 期。

[25] 崔正:《政府购买公共服务与社会组织发展的互动关系研究》,载《中国行政管理》2012 年第 8 期。

[26] 周俊:《政府购买公共服务的风险及其防范》,载《中国行政管理》2010 年第 6 期。

[27] 吴文清:《国外非营利组织的发展及启示》,载《商业时代》2006 年第 9 期。

[28] 韩俊魁:《当前我国非政府组织参与政府购买服务的模式比较》,载《经济社会体制比较》2006 年第 6 期。

[29] 侯雷:《政府与社会组织关系研究——以吉林省为例》,载《行政与法》2010 年第 6 期。

[30] 刘昆:《贯彻落实三中全会精神，大力推广政府购买服务》，载《中国财政》2014 年第 4 期。

[31] 彭浩:《借鉴发达国家经验推进政府购买公共服务》，载《财政研究》2010 年第 7 期。

[32] 张丽君:《我国政府购买服务的现状分析及对策探讨》，载《财政监督》2012 年第 18 期。

[33] 郑苏晋:《政府购买公共服务：以公益性非营利组织为重要合作伙伴》，载《中国行政管理》2009 年第 6 期。

[34] 欧阳卫红:《财政监督顶层设计应关注的几个理论问题》，载《财政研究》2012 年第 8 期。

[35] 王秀芝:《财政监督的国际经验及对我国的启示》，载《经济问题探索》2012 年第 5 期。

[36] 李袁婕:《论我国公共财政监督制度的完善》，载《审计研究》2011 年第 2 期。

[37] 王春婷:《政府购买公共服务绩效与其硬性因素的实证研究——基于深圳市与南京市的调查分析》，华中师范大学硕士论文，2012 年。

[38] 李买连:《我国财政监督机制问题研究》，湖南师范大学硕士论文，2012 年。

[39] 金潇:《公共项目政府监管业务流程再造研究》，浙江工商大学硕士论文，2014 年。

[40] 车锋:《我国公共服务领域政府与 NGO 合作机制研究》，中央民族大学博士论文，2012 年。

[41] 贺巧知:《政府购买公共服务研究》，财政部财政科学研究所博士论文，2014 年。

[42] 马宁:《关于我国财政监督问题的国际比较研究》，山西财经大学硕士论文，2011 年。

[43] 马向荣:《公共财政体制下的财政监督研究》，西南财经大学博士论文，2011 年。

[44] 国务院:《关于政府向社会力量购买服务的指导意见》，载《国务院办公厅关于政府向社会力量购买服务的指导意见》，2013 年。

[45] [美] 莱斯特·萨拉蒙，田凯译:《公共服务中的伙伴：现代福利国家中政府与非营利组织的关系》，商务印书馆 2008 年版。

[46] [美] E·S·萨瓦斯，周志忍译:《民营化与公私部门的伙伴关

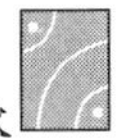

系》，中国人民大学出版社2002年版。

[47]［美］唐纳德·凯特尔，孙迎春译：《权力共享：公共治理与私人市场》，北京大学出版社2009年版。

[48]［美］文森特·奥斯特罗姆，井敏等译：《美国地方政府》，北京大学出版社2004年版。

[49]［美］弗雷德·E·弗尔德瓦里，郑秉文译：《公共物品与私人社区——社会服务的市场供给》，经济管理出版社2007年版。

[50]［美］劳伦斯·巴顿，符彩霞译：《组织危机管理》，清华大学出版社2002年版。

[51]［美］爱伦·鲁宾，叶娟丽译：《公共预算中的政治：收入与支出、借贷与平衡》，中国人民大学出版社2001年版。

[52]［美］阿伦·威尔达夫斯基、内奥米·凯顿，邓淑莲、魏陆译：《预算过程中的新政治学》，上海财经大学出版社2006年版。

[53]［英］卡尔·波普尔，傅季重译：《猜想与反驳：科学知识的增长》，上海译文出版社1972年版。

[54]［英］亚当·斯密，郭大力、王亚南译：《国民财富的性质和原因的研究（下卷）》，商务印书馆1996年版。

[55]［英］迈克尔·雷吉斯特、朱蒂·拉尔金，谢新洲、王宇、鲁秋莲译：《风险问题与危机管理》，北京大学出版社2005年版。

[56]［法］萨伊，赵康英译：《政治经济学概论》，商务印书馆1993年版。

[57]靳玉英：《自由主义的旗手——弗·冯·哈耶克》，河北大学出版社2001年版。

[58]清华大学NGO研究所：《中国非营利评论》，社会科学文献出版社2008年版。

[59]王浦劬、莱斯特·M. 撒拉蒙：《政府向社会组织购买公共服务研究》，北京大学出版社2010年版。

[60]王军：《中国转型期公共财政》，人民出版社2006年版。

[61]肖北庚：《国际组织政府采购规则比较研究》，中国方正出版社2003年版。

[62]郑卫东：《农村社区政府购买公共服务研究》，中国社会科学出版社2012年版。

[63]王千华、王军：《公共服务提供机构的改革》，北京大学出版社

2010 年版。

［64］陈振明:《公共服务导论》，北京大学出版社 2011 年版。

［65］王树文:《我国公共服务市场化改革与政府管制创新》，人民出版社 2013 年版。

［66］国务院发展研究中心课题组:《中国基本公共服务改善路径》，中国发展出版社 2012 年版。

［67］刘畅:《美国财政史》，社会科学文献出版社 2013 年版。

［68］楼继伟:《中国政府间财政关系再思考》，中国财政经济出版社 2013 年版。

［69］陈振明:《公共服务导论》，北京大学出版社 2011 年版。

［70］李军鹏:《公共服务学》，国家行政学院出版社 2007 年版。

［71］［美］罗纳德·奥克森，万鹏飞译:《治理地方公共经济》，北京大学出版社 2005 年版。

［72］［美］弗雷德里克森，张成福译:《公共行政的精神》，中国人民大学出版社 2003 年版。

［73］［美］麦金尼斯，毛寿龙译:《多中心体制与地方公共经济》，上海三联书店 2000 年版。

［74］［美］罗伯特·登哈特，丁煌译:《新公共服务: 服务，而不是掌舵》，中国人民大学出版社 2004 年版。

［75］贺邦靖:《国外财政监督借鉴》，经济科学出版社 2008 年版。

［76］朱光磊:《当代中国政府过程》，天津人民出版社 2002 年版。

［77］王丛虎:《政府购买公共服务理论研究——一个合同式治理的逻辑》，经济科学出版社 2015 年版。

［78］储亚萍:《政府购买社区公共卫生服务的合肥模式研究》，安徽大学出版社 2014 年版。

［79］魏中龙:《政府购买服务的理论与实践研究》，中国人民大学出版社 2014 年版。

［80］张汝立等:《外国政府购买社会公共服务研究》，社会科学文献出版社 2014 年版。

［81］David. M. Van. Slyke, The Pabulic Management Challenges of Contracting with Nonprofits for Social Services ［J］. *International Journal of Public Administration*, 2002.

［82］M. S. Haque, The Diminishing Publicness of Public Service under

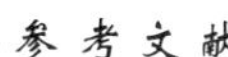
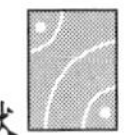

the Current Mode of Governance [J]. *Public Management Review*, 2001.

[83] Henry. Mintzberg, The Strategy Concept : Another Look at Why Organizations Need Strategies [J]. *California Management Review*, 1987.

[84] Savas. E. S, *Privatization and Public – Private Partnerships* [M]. New York: Chatham House Publishers, 2000.

[85] Harvey. S. Rosen, *Public Finance* [M]. The Forth Edition, 1996.

[86] Paul. A. Samuelson, The Pure Theory of Public Expenditure [J]. *The Review of Economics and Statistics*, 1954.

[87] Lester. Salamon, The Rise of the Non – Profit Sector [J]. *Foreign Affairs*, 1994.

[88] Richard. Abel. Musgrave, *The Theory of Public Finance: A Study of Public Economy* [M]. New York: McGraw – Hill Book Company, 1959.

[89] Bakal, Carl, *Charity USA* [M]. New York: Times Books, 1979.

[90] Joel. Hellman, Daniel. Kaufmann, Confronting the Challenge of State Capture in Transition Countries [J]. *Finance and Development*, 2001.

后　记

我国政府购买公共服务制度正式建立的时间不长，但发展速度非常快，涉及众多民生服务领域，波及面很广，而且还在呈不断扩大的趋势。一方面，体现了政府治理体系和治理能力现代化的要求，提高了政府公共服务的供给效率；另一方面，也在快速发展中逐渐暴露出了一些问题。笔者长期致力于政府采购和政府购买公共服务问题的研究，对其中的风险防控和财政监督问题非常关注，因此，在2014年申请中标了北京市社会科学基金一般项目《北京市政府购买公共服务“模块化嵌入式”财政监督机制创新——基于风险管理导向的研究》（项目号：14JG082）（已结项）。在研究过程中笔者发现，政府购买公共服务风险防控是一个全国性问题，北京市作为在全国较早施行政府购买公共服务制度且相关制度不断健全和完善的城市，虽然已经取得了很多骄人的成绩，但在制度运行中尚且存在相应的风险管理问题，那么在其他制度不够健全、运行机制不够规范的地区，政府购买公共服务的风险更是普遍存在，只不过有些风险是显性的，有些则是隐形的。为保证政府购买公共服务制度在我国的健康发展，实现政府公共服务保质保量的高效供给，防止财政资金的损失浪费，必须认真研究风险防控问题并加强财政监督。故而，在北京市社科基金项目研究的基础上，笔者进一步将研究范围从北京市扩大到具有普遍意义的以风险管理为导向的政府购买公共服务“模块化嵌入式”财政监督机制构建之上，并最终完成本书。

在前期进行北京社科课题研究的过程中，笔者的研究生王明、胡新、张翔、李永战、谷金、杨琼、刘腾飞，以及本科生吴婧如、廖麦一、张培洪、姜珊、江松健、翁肖莹几位同学，在国内外资料收集梳理、调查问卷发放、数据整理等方面提供了重要帮助。他们的工作，为课题的研究和本书的最终成稿起到了重要的作用，在此一并感谢！

总之，我国政府购买公共服务制度的健康发展离不开社会各界的关注与积极推动，作为长期关注此领域问题研究的学者，笔者还将继续深入研究相关问题，希望能够为不断完善我国政府购买公共服务制度贡献自己的绵薄之力。

杨燕英

2019年2月15日